KB235836

1시간 만에 마스터하는
서비스 잘하는 방법

1시간 만에 마스터하는

서비스
잘하는 방법

일본능률협회컨설팅 지음
임준영 옮김

청림출판

한 그루의 나무가 모여 푸른 숲을 이루듯이
청림의 책들은 삶을 풍요롭게 합니다.

서비스 품질 관리의 중요성은
어느 시대든 변하지 않는다

지금까지 우리는 정보 통신, 전력·가스·교육·시스템 통합업계 (SI, System Integration), 은행, 보험 회사, 신용카드 회사, 소비자 금융업(사채), 호텔, 리조트, 백화점, 소매점, 부동산 등 많은 서비스 산업의 담당자들에게 판매 촉진, 효율화, 고객 만족도 향상, 직원들의 성과 향상, 클레임 관리, 인재 육성 등의 다양한 분야를 지원해 왔다.

그 가운데 언제나 공통적으로 대두되는 문제는 '서비스의 질을 어떻게 향상시킬 것인가'였다. 즉, 오늘날 서비스의 질을 향상시키는 것은 모든 산업 분야에서 중요한 문제로 부각되고 있는 것이다.

지난 20년 동안 고객 만족 경영, BPR, 구조 조정 등 참으로 많은 경영법과 관리법이 등장했다. 그때마다 현장에는 여러 가지 수단과 방법이 도입되었고, 새로운 것이 도입되면 모두가 거기에 편중되는 경향이 있었다.

그러다 보니 서비스 현장은 늘 새로운 수단과 방법에 흔들렸고 'ㅇㅇ가이드북', 'ㅇㅇ매뉴얼' 등, 관리 방법을 주제로 한 책들이 수없이 쏟아져, 도대체 어느 것을 기준으로 해야 할지 사람들을 혼란에 빠뜨리기도 했다.

서비스 품질 관리의 중요성은 어느 시대든 변하지 않는다. 그것은 성과, 고객 만족도 향상, 효율, 리스크, 직원들의 성장과 보람 등과 연관되어 있다.

중요한 것은 업무의 품질과 함께 위의 5가지 시점이 균형을 이루면서 고객 접촉 및 대응 부문의 최적화가 이루어지고, 나아가 각각의 업무 확립과 운영이 제대로 이루어지는 것이다. 시대의 흐름에 따라 5가지 시점 중 하나가 특히 주목되는 경우도 있지만 본질은 변하지 않는다.

업무의 본질을 이해한 후에는 서비스 업무를 담당하는 부서뿐만 아니라 회사 전체가 지속적으로 정비하고 유지하기 위한 체제를 구축해야 한다.

이 책은 업무 개혁과 개선, 서비스에 대한 비즈니스맨들의 걱정을 덜어주기 위해 쓰였다. 서비스 산업에 종사하는 사람들에게 서비스의 질적 관리에 대한 중요성을 알려 주고, 특히 고객 대응

업무가 잦은 비즈니스맨들이 쉽게 이해하고 실제 업무에 적용할
수 있도록 되어 있다.

  이 책이 서비스 업무의 품질 관리와 향상을 위해 노력하는 비즈
니스맨들에게 부디 큰 도움이 되기를 바란다.

일본능률협회컨설팅 집필자 일동

- 서비스 업무의 품질 관리에 대하여 A부터 Z까지 자세히 알고 싶은 사람은 처음부터 순서대로 읽는다.

- 각 부문에 관심이 있는 사람은 해당 부문만 쏙쏙 읽어도 문제가 없다.

- 클레임 대처법이나 클레임 관리에 관심 있는 사람은 바로 6장으로 간다.

- 경영기획부나 관리부서의 담당자들은 자신의 업무 관리 방식과 비교해 가며 읽는다.

서비스도
품질 관리가 필요하다

고객 불만이 늘어나고 있다

포인트
1. 금융감독원에 고객 상담 창구 설치
2. 증가하는 상담건수
3. 불충분한 서비스 품질 관리가 문제

서비스 산업에는 여러 가지 업종이 존재한다. 이 장에서는 금융업계, 에너지업계, 통신업계, 시스템업계의 서비스 현황을 살펴보자.

먼저 금융업계를 살펴보면 금융감독원은 2005년 7월에 '금융 서비스 이용자 상담실'을 설치하여 3개월마다 상담 의견을 집계해 공표하고 있다. 고충 및 상담 접수건수는 증가 추세이고, 2006년 7월부터 9월까지의 접수건수는 약 1만 3,500건이었다. 고충 상담의 내용은 다음과 같았다.

손해보험과 관련하여 '자동차 사고 후 동승자의 손해급부금(損害給付金: 운전자 이외에 함께 탑승한 사람이 사고로 인해 부상을 당했을 때 보험회사에서 지급하는 돈)이 미지급된 상태다'라는 내용이, 생명보험에 관해서는 '수술비에 비해 지불된 금액이 너무 적다'는 내용이 접수되었다.

또한 은행 업무에 대한 불만으로 '충분한 설명도 없이 파생 금융 상품을 구입하게 했다'라는 내용이 있었다. 공통적인 것은 '계약할 때 상품에 대한 충분한 설명이 이루어지지 않았다'는 불만족스러운 서비스가 문제였다.

왜 이러한 일들이 일어나는 것일까?

그것은 서비스의 품질이 제대로 관리되지 않기 때문이다.

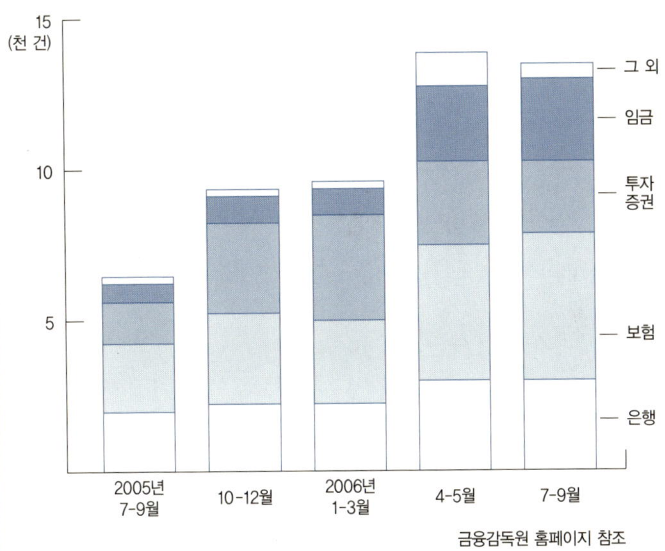

주요 고충 사례

- 손해보험 : 자동차 사고 후 동승자에게 손해급부금이 미
  지급된 경우
- 생명보험 : 수술비에 비해 지불 금액이 상대적으로 적은
  경우
- 은행 : 충분한 설명이 이루어지지 않은 상태에서 파생
  금융상품 구매를 권유받은 경우

위 사례이 공통점은
상품 사양과 내용을 명확하게 설명하지 않았다는 것이다
⇒ 계약 시의 불만족스러운 서비스가 문제!

위탁업체의 서비스까지 관리하라

포인트

1. 에너지업계의 자유화 경쟁 격화
2. 아웃소싱의 가속화
3. 아웃소싱 위탁 관리의 미비

전력, 가스 등의 에너지업계에서는 자유 경쟁이 치열해지고 있다. 그러다보니 경비 삭감의 일환으로 여러 업무들이 아웃소싱되고 있다.

물론 아웃소싱이 나쁘다는 것은 아니다. 다만 아웃소싱할 때는 대부분 위탁 관리를 하는데, 위탁 관리가 제대로 되지 않아 자주 문제가 발생하고 있다.

전력, 가스업체에서는 대부분 가정방문 검침 업무를 아웃소싱하고 있다. 이 검침 업무에 대해 생각해 보자. 단지 정확히 각 가정의 사용량만 검사하면 되는 것일까?

검침 업무는 기업이 고객과 직접 만날 수 있는 가장 좋은 기회이다. 그러므로 먼저 친절하게 고객에게 업무 협조를 요청한 후에 전기나 가스의 사용량 측정 업무를 실시해야 한다.

아웃소싱 위탁처의 서비스가 제대로 관리되지 않기 때문에 '마음대로 집 안에 들어왔다가 마음대로 나간다'는 고객 불만이 생기는 것이다.

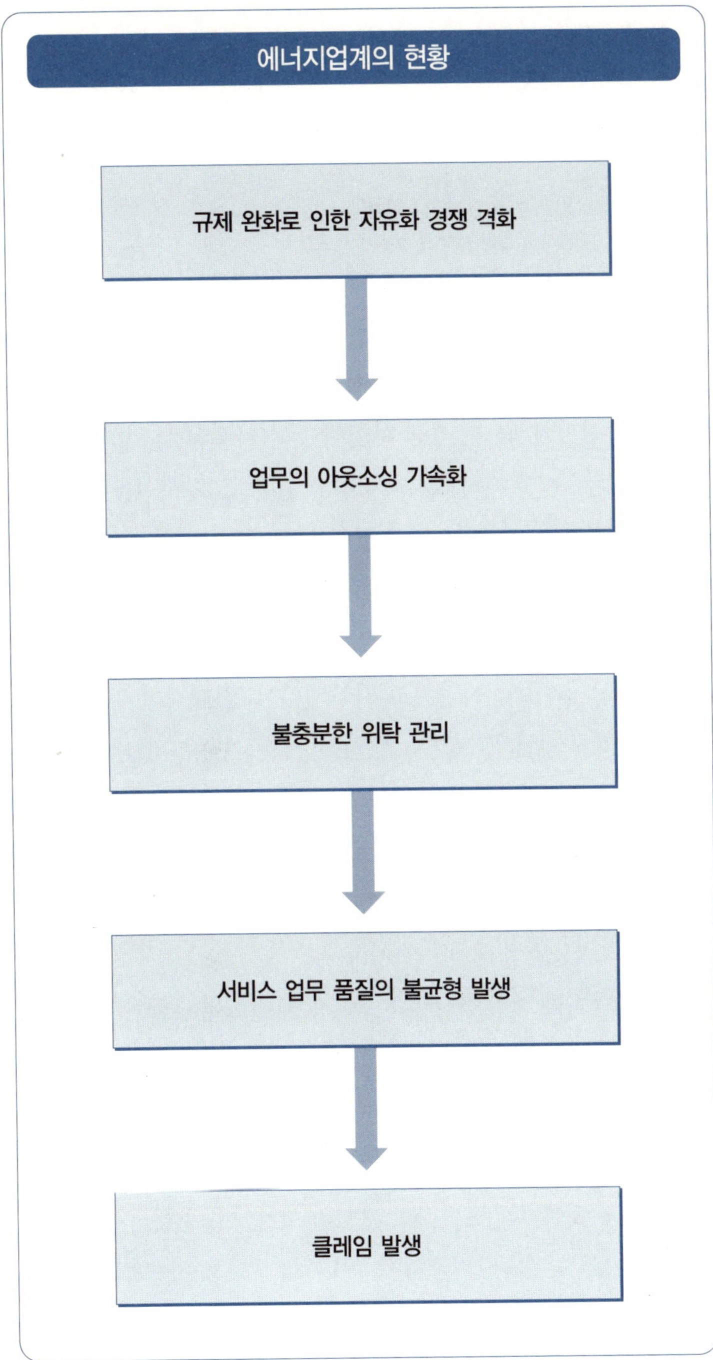

에너지업계의 현황
규제 완화로 인한 자유화 경쟁 격화
업무의 아웃소싱 가속화
불충분한 위탁 관리
서비스 업무 품질의 불균형 발생
클레임 발생

가식적인 서비스는 가라

1. 기능 및 서비스 경쟁이 치열하다
2. 고객에게 장점을 제대로 설명하지 못한다
3. 서비스 업무 담당자의 '고객 지식'이 부족하다

요즘 통신업계에서는 요금 할인제도, 신기종 출시, 이메일, 인터넷, 음악 등의 각종 서비스를 제공하고 있다. 고객의 입장에서 보면 다양한 서비스를 이용할 수 있기 때문에 그다지 나쁘지 않다고 생각할 수도 있다.

그러나 요금 체계가 너무 자주 바뀌고, 끊임없이 신기종이 출시되며, 점점 서비스가 복잡하고 다양해져서 장·단점이 무엇인지조차 알 수 없게 되었다. 그래서 매장을 방문하거나 전화 상담을 하게 되는데, 담당자는 서비스의 내용은 잘 설명해 주지만 고객에게 딱 맞는 상품이나 서비스에 대한 정보는 주지 않는다. 결국 고객이 제대로 이해하지 못한 상태에서 결정하게 되어 나중에 '억지로 구입하게 했다'는 불만이 생기는 것이다.

매장 담당자와 전화 상담원은 회사의 서비스에 관한 지식이나 설명서, FAQ(Frequently Asked Question: 자주 묻는 질문) 응답 자료는 충분히 가지고 있다. 그러나 '고객이 보다 편리하게 사용하기 위해서 어떤 상품과 서비스가 필요한가'라는 생각은 부족하다.

통신업계의 서비스 담당자는 고객의 불만이 무엇인지 제대로 파악하여 해결해야 한다. 기능이나 서비스는 고객이 사용함으로써 비로소 가치가 있는 것이기 때문이다.

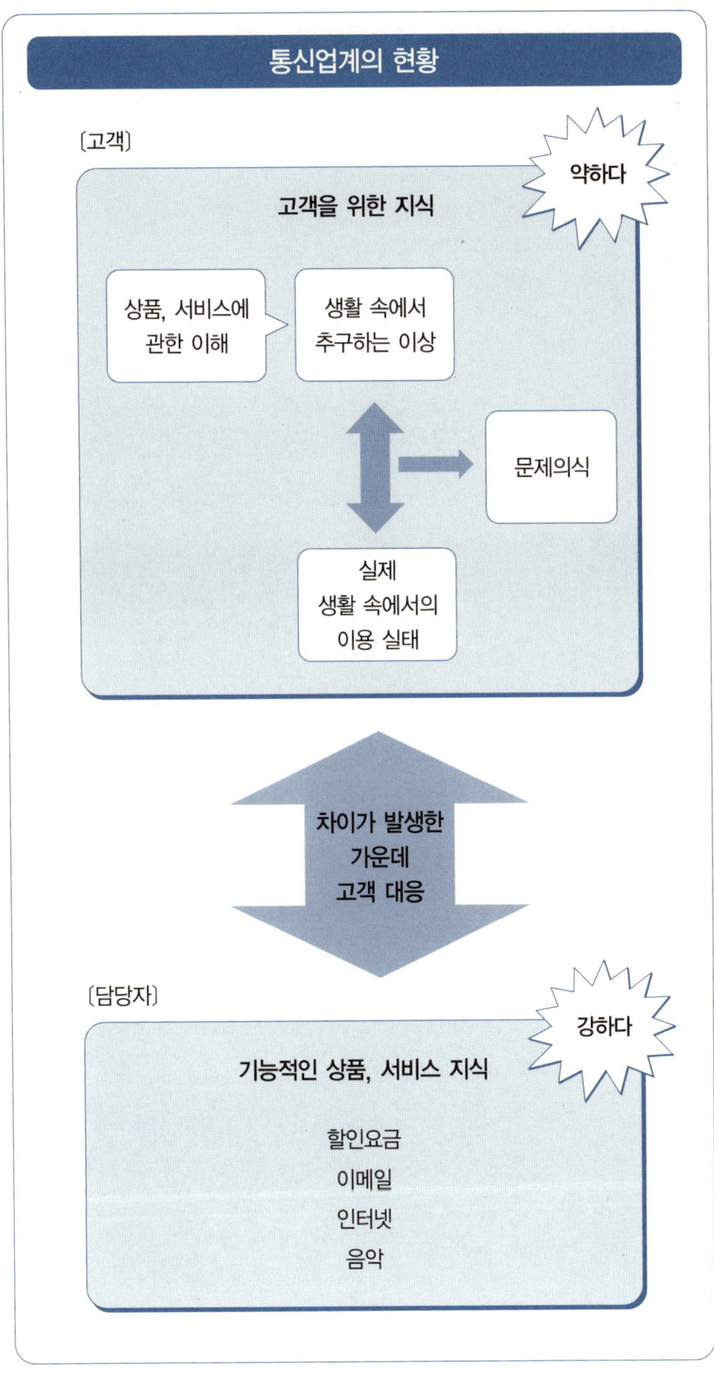

통신업계의 현황
〔고객〕
약하다
고객을 위한 지식
상품, 서비스에 관한 이해
생활 속에서 추구하는 이상
문제의식
실제 생활 속에서의 이용 실태
차이가 발생한 가운데 고객 대응
〔담당자〕
강하다
기능적인 상품, 서비스 지식
할인요금
이메일
인터넷
음악

고객의 입장에서 서비스하라

시스템 통합업계에 근무하지 않더라도 회사나 부서의 시스템을 갱신하거나 개발해 본 사람이 많을 것이다. 완성된 시스템을 사용하다 보면 '사용하기 어렵다', '일의 특성을 전혀 고려하지 않았다', '그렇게 시간을 들여 개발한 것이 겨우 이 정도인가'라는 생각이 들었을 것이다.

이러한 문제점들은 여러 시스템 개발 상황에서 발생하는데, 대부분 안이한 업무 태도 때문에 발생한다. 영업과 개발은 별개라거나, 자세한 것은 개발 단계에서 살펴보자는 식으로 넘겨버리기 때문이다. 심지어 개발 단계에서 어떻게든 해결하면 된다고 생각하기도 한다. 또한 이러한 문제를 시스템업계의 구조적 문제, 즉 개발담당자의 근무태만과 영업담당자의 전문 지식 부족으로 쉽게 결론지어 버리는 경향이 있다.

그러나 단순히 구조적 문제로 치부해 버리고 방법을 강구하지 않으면 시스템 개발의 질적인 향상은 조금도 이루어지지 않는다. 고객의 입장에서 고객에게 제대로 된 서비스를 하도록 각 부서의 업무를 조율하여 시스템화해 나가야 한다.

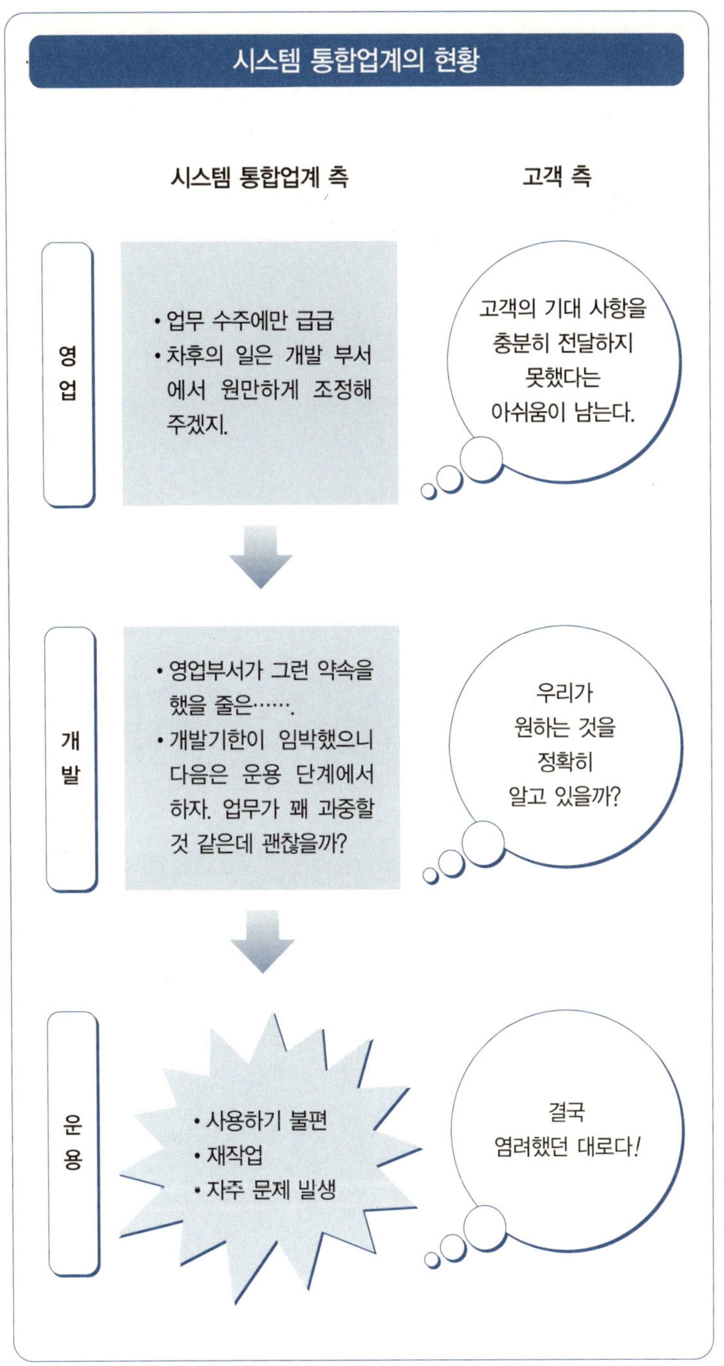

시스템 통합업계의 현황

시스템 통합업계 측

고객 측

영업

• 업무 수주에만 급급
• 차후의 일은 개발 부서에서 원만하게 조정해 주겠지.

고객의 기대 사항을 충분히 전달하지 못했다는 아쉬움이 남는다.

개발

• 영업부서가 그런 약속을 했을 줄은…….
• 개발기한이 임박했으니 다음은 운용 단계에서 하자. 업무가 꽤 과중할 것 같은데 괜찮을까?

우리가 원하는 것을 정확히 알고 있을까?

운용

• 사용하기 불편
• 재작업
• 자주 문제 발생

결국 염려했던 대로다!

서비스의 목적

점심식사 때 점원에게 "다 드셨으면 치워드려도 될까요?"라는 말을 자주 듣는다. "그러세요"라고 대답은 했지만 아무것도 없는 테이블에 앉아있기가 머쓱해서 금세 자리에서 일어나게 된다. 이런 경험은 누구나 한 번쯤 해보았을 것이다.

그럴 때 '그릇을 치우는 목적을 점원은 이해하고 있을까?'라는 생각이 든다. 그릇을 치우는 것은 손님을 빨리 보내기 위해서도, 테이블을 빨리 정리하기 위해서도 아니다. 바로 '손님이 식후에 쉴 수 있도록 방해되는 것을 치우는 것'이 목적이다.

얼마 전에도 똑같은 일이 있었다. 그러나 그 점원은 "차 한 잔 드시겠어요?"라는 말을 덧붙임으로써 나를 배려해 주었다. 그 한마디에 식후의 한때를 느긋이 보낼 수 있었다. 차를 마시며 그 점원의 움직임을 관찰해 보니, 약을 먹으려는 손님에게는 "물을 가져다 드릴까요?"라고 말을 걸었다. 분명 '홀을 둘러보는 것은 주문을 받거나 그릇을 치우기 위한 것이 아니라 손님의 상태를 보고 서비스하기 위한 것이다'라고 교육받았을 것이다.

이처럼 서비스 업무를 '의무'로 여기지 않기 위해서는 서비스의 목적부터 제대로 이해해야 한다.

서비스 품질 관리를 위해 알아두어야 할 모든 것

서비스 업무의 세 가지 특성

포인트

1. 제공 가치는 무형이다
2. 눈앞의 고객에게 제공한다
3. 주로 사람에게 의존한다

서비스 업무는 3가지 특성이 있다.

1. 제공 가치는 무형이다

서비스는 문제 해결이나 제안, 설명, 판매 등의 업무로 형태가 없다. 제품과 달리 형태가 없어서 사원들 간이나 고객과의 공통 의식을 만들기가 어렵다.

2. 눈앞의 고객에게 제공한다

서비스 업무의 두 번째 특징은 눈앞의 고객을 대하는 순간에 바로 제공해야 한다는 것이다. 제품처럼 일정한 제조 과정과 유통 과정을 거쳐서 고객의 손에 쥐어지는 것이 아니라, 고객이 와야 비로소 무엇을 해야 할지 알게 되고 고객의 요구를 이해하고 판단하여 서비스를 제공하게 된다.

그러므로 상황 판단력이 필요하고, 개별적이고 구체적으로 대응해야 하며, 표준화된 방식으로 대처할 수 없고, 사전에 준비하기 힘들다는 특성이 있다.

3. 사람에게 의존하는 경우가 많다

서비스 업무는 사람이 하는 일이다. 그러나 문제 해결, 제안, 설명, 판매 등에 있어서 많은 부문이 자동화, 기계화, 인터넷화되는 것이 사실이다.

철도 이용을 예로 들면 인터넷에서 정보를 검색해 표를 예약하고, 무인발권기에서 표를 뽑아 자동 개찰구를 지나 안내 표지판의 정보를 따라 이동하게 된다. 이러한 일련의 과정에 사람은 전혀 개입되지 않는다.

이런 의미에서 서비스 업무에서 사람이 차지하는 비중이 점점 낮아지고 있다고도 할 수 있다. 또한 이런 서비스에 문제가 있는가 하면, 그렇지도 않다.

자동화, 기계화, 인터넷화된 서비스에는 여러 가지 장점이 있다. 우선, 정확하고 신속하며, 균일한 서비스를 제공할 수 있다. 또한 고객이 주도적으로 이용할 수 있으며, 개별 대응이 가능하여 불만이 다소 적게 발생한다. 자동화, 기계화, 인터넷화가 되면 서비스 인력이 줄어들어 비용을 절감할 수 있다.

결국 지금의 서비스 업무는 사람과 기계, 시스템의 융합으로 이루어지는 경우가 많다. 상호 간의 단점을 보완하고, 장점을 활용함으로써 보다 나은 서비스가 이루어질 수 있게 된 것이다.

기본적인 부문의 기계화, 시스템화가 발전함에 따라 '사람이 아니면 불가능한 일'의 가치가 더욱 높아지게 되었다. 고객 요구에 걸맞는 품질을 제공해야 하며 사람과 기계, 시스템의 특징을 고려한 서비스 업무의 최적화가 요구되고 있는 것이다.

서비스 업무의 특성

무형, 식별하기 어렵다

서비스 업무는 문제 해결,
제안, 설명, 판매 등
형태가 없는 행위 중심이다

눈앞의 고객에게 제공한다

사전에 준비된 것을
제공하는 게 아니라
눈앞의 고객에게
바로 제공한다

사람에게 의존한다

서비스 업무는 사람이 아니면
불가능한 일이 많다

서비스 업무의 특성

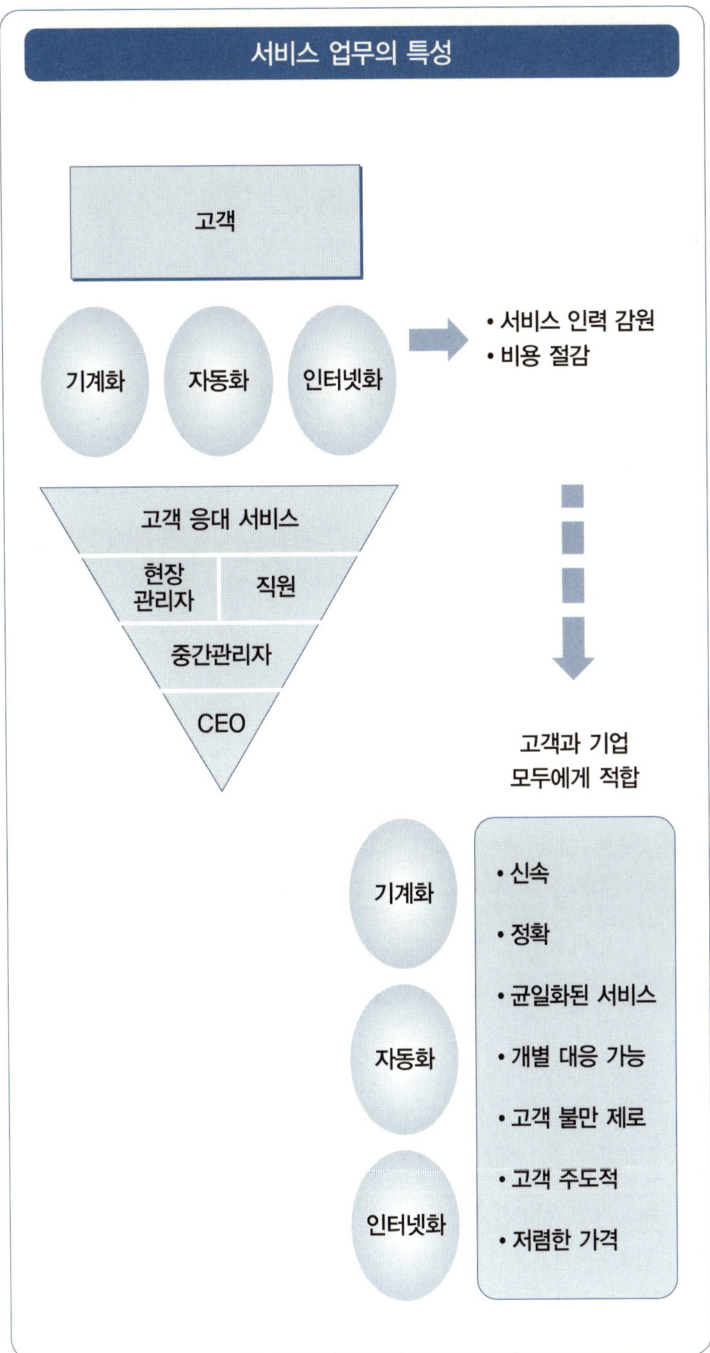
고객
기계화
자동화
인터넷화
• 서비스 인력 감원
• 비용 절감
고객 응대 서비스
현장 관리자
직원
중간관리자
CEO
고객과 기업
모두에게 적합
기계화
자동화
인터넷화
• 신속
• 정확
• 균일화된 서비스
• 개별 대응 가능
• 고객 불만 제로
• 고객 주도적
• 저렴한 가격

서비스는 사람이 하는 일

고객에게 행해지는 서비스는 제품만으로 이루어지기 어렵고, 어떠한 형태로든 사람이 제공하게 된다. 또한 제품은 개입되지 않고 사람이 행하는 서비스만 제공되는 경우도 흔히 볼 수 있다.

즉 서비스 업무에 있어서 고객에게 제공되는 서비스는 '업무 수행 그 자체'인 경우가 많고, 이것이 바로 서비스의 질을 좌우한다고 할 수 있다.

서비스 업무는 대부분 문제 해결과 제안, 설명, 판매 등과 같이 사람이 행하는 것이다. 이러한 업무가 높은 수준에서 행해지는 것이 서비스 업무의 기본이 된다.

한편, 오늘날 고객 대응 서비스는 사람에게만 의존하는 것이 아니라 기계나 시스템 또는 인터넷으로도 이뤄지므로 서비스 업무의 질은 사람뿐만 아니라 기계나 시스템을 통한 것까지 고려해야 한다. 따라서 '고객이 기계나 시스템을 편리하게 사용하려면 어떻게 해야 할까'라는 생각도 넓은 의미에서 서비스에 포함된다.

현금자동인출기에서 볼 수 있는 정정, 되돌아가기 등의 기능도 '잘못 조작할 수도 있다'는 인간의 특성, 나아가서는 고객의 시점을 도입한 것이라고 할 수 있다.

서비스 업무의 품질
고객
영업
콜센터
기업
애프터서비스
매장
A/S
기계 • 시스템 • 인터넷
SERVICE
SERVICE
SERVICE
현재의 서비스 업무

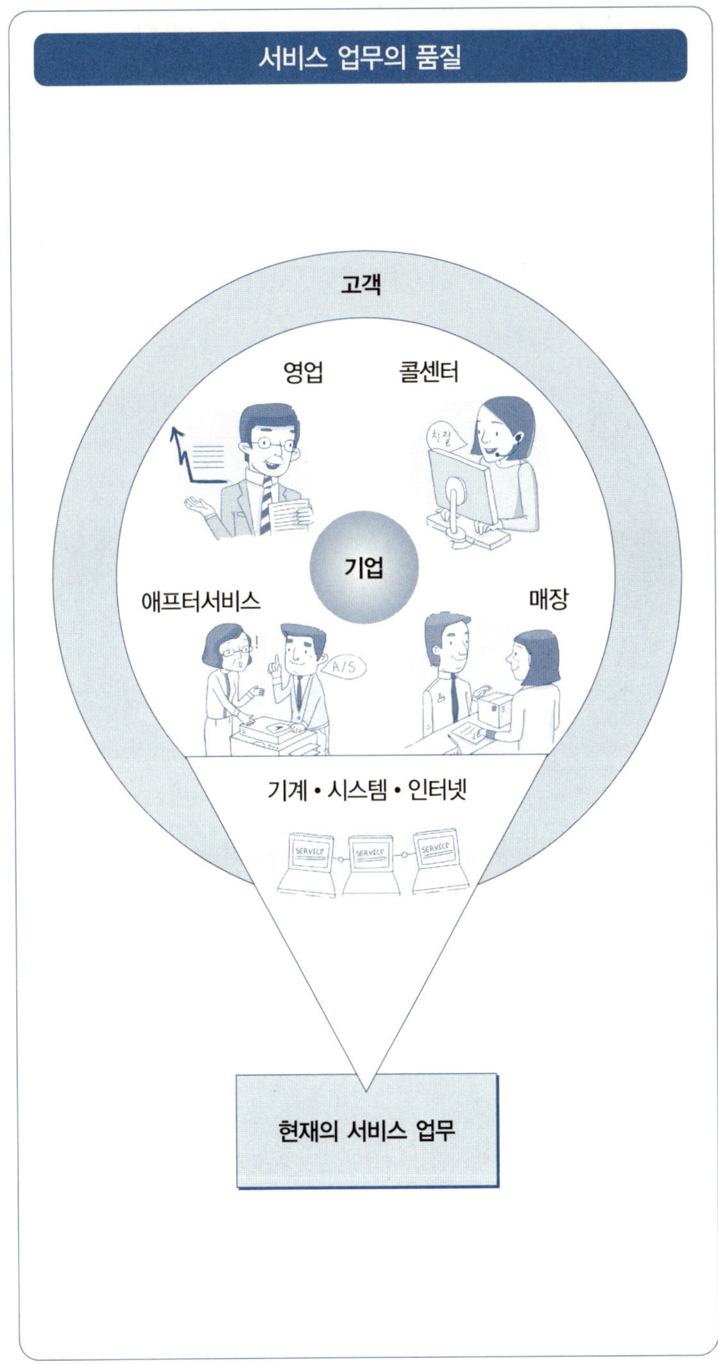

서비스 품질 관리의 어려움

앞서 언급한 바와 같이 서비스 업무에는 3가지 특성이 있다. 무형이고 눈에 보이지 않고, 눈앞의 고객에게 제공되며, 사람에게 의존하는 것이 많다는 점이다. 이러한 특성을 살펴보면 서비스 업무의 품질을 관리하기 위해서는 제품의 품질을 관리하는 것과는 또 다른 어려움이 있음을 알 수 있다.

- **서비스 자체의 수준 파악과 비교가 어렵다** 제품처럼 눈에 보이고 손으로 잡을 수 있다면 고객이나 사원들 간에 좋고 나쁨을 공유하고, 수준을 측정할 수 있을 것이다. 그러나 서비스 업무는 품질 관리의 출발점인 가시화可視化가 어렵다.

- **사전 준비나 점검이 어렵다** 서비스는 일반적으로 눈앞의 고객과 그 장소에서 의사소통을 하면서 이루어진다. 따라서 표준화하거나, 제공하기 전에 점검하는 것이 어렵다.

- **품질의 불균형을 바로잡기가 힘들다** 사람에 의존하는 경우가 많기 때문에 기계화된 제조라인처럼 불균형을 없애기가 곤란하다. 같은 사람이 서비스하더라도 경우에 따라서 서비스의 수준이 다르다는 문제점이 있다.

서비스 관리의 어려움

무형, 식별하기 어렵다

형태가 없고 식별하기 어렵기 때문에
수준 측정과 같은 품질 관리가 어렵다
품질 관리의 시발점인 가시화가 어렵다

서비스 업무의
품질 관리는
제품 품질 관리와는
또 다른
어려움이 있다

눈앞의 고객에게
제공한다

현장에서 고객과 대면하면서
업무를 수행하기 때문에 사전
에 준비하거나 점검할 수 없다

사람에게 의존한다

서비스 업무는 개인에게 의존
하는 경우가 많고 개인의 역량
자이와, 설령 농일인이라도 당
일의 컨디션에 따라 균일하지
못한 서비스를 제공하기 쉽다

제품 품질과 서비스 품질의 차이

포인트

1. 서비스 산업에 있어서 품질 관리의 대상과 업무
2. 서비스 업무 전문 부서를 설치하는 기업의 증가 추세
3. 서비스 업무 품질의 향상은 담당부서와 관리부서 쌍방에서 추진

품질 관리라면 많은 이들이 제품의 품질 관리를 떠올릴 것이다. 서점에 있는 품질 관리에 관한 책들도 대부분 제품의 품질 관리를 주제로 한 내용들이다. 실제로 제조업에서는 품질 보증 부문을 중심으로 하여 개발, 설계, 제조 부문을 추진하고 있기 때문에 제품의 품질 관리는 당연한 것이다.

제품의 품질 관리는 전문 영역이기 때문에 비제조부문이나 서비스 산업 종사자들의 입장에서는 책을 읽어도 모르는 말이나 공식이 많이 나온다. 그러나 서비스의 품질 관리는 전문가가 아니라도 다 이해할 수 있는 말로 설명되어야 한다.

최근 서비스 산업을 하는 기업에서는 '서비스 품질'이라는 말을 자주 사용하고 있다. 왜냐하면 클레임, 리스크 관리, 고객 만족도 향상 등과 밀접한 관계가 있기 때문이다. 금융업계와 시스템 통합업계와 같은 서비스 산업에서도 품질 관리의 역할을 주도하는 부서가 만들어지고 있다.

품질 관리부, 업무 관리부, 업무 지원부, 영업 관리부, 고객 지원부서 등 그 명칭은 기업마다 다양하지만, 이 부서들은 서비스 업무의 수준을 유지, 향상시키기 위한 조직으로 자리잡고 있다.

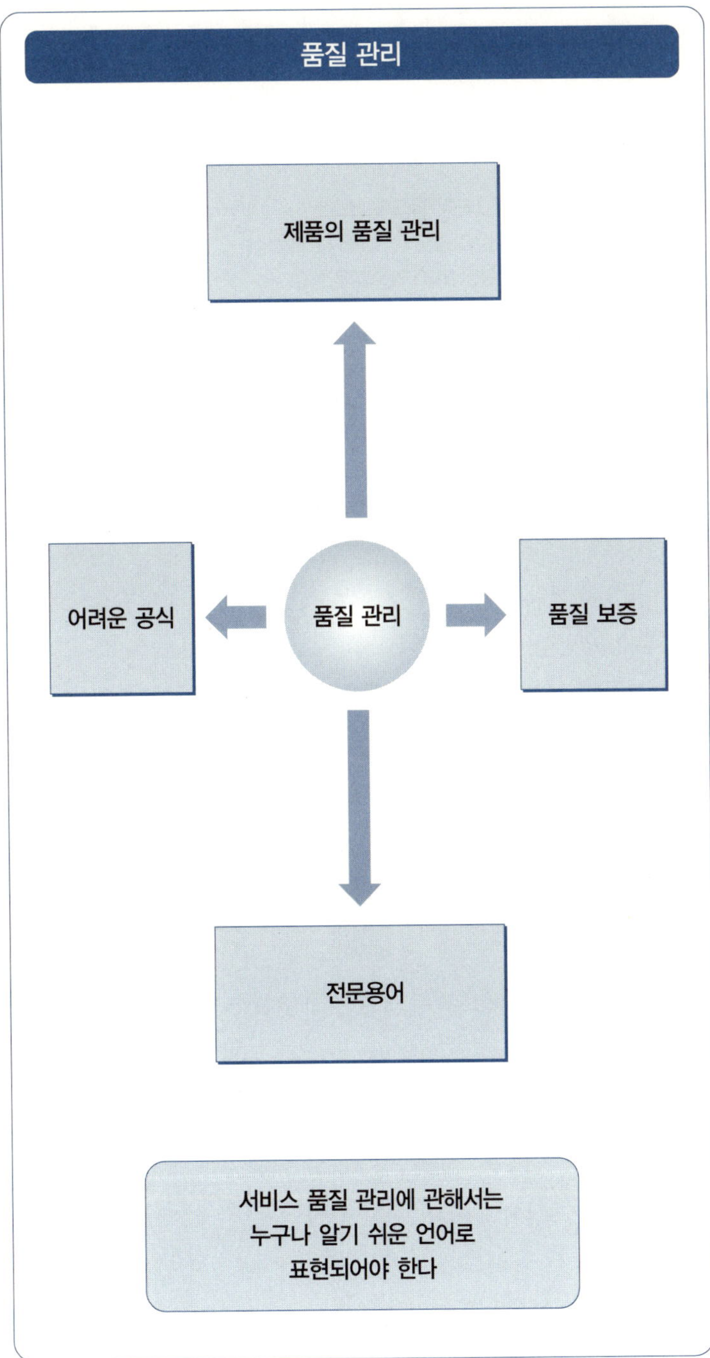

품질 관리
제품의 품질 관리
어려운 공식
품질 관리
품질 보증
전문용어
서비스 품질 관리에 관해서는
누구나 알기 쉬운 언어로
표현되어야 한다

서비스 업무의 7대 불가사의

포인트

1. 서비스 산업에는 공통 과제가 있다
2. 인재 육성·노하우의 축적이 이뤄지지 않는다
3. 서비스 담당자들만 고객 만족도 향상을 위해 노력하고 있다

고객의 요구가 점점 많아지면서, 서비스 산업에서 여러 가지 문제가 발생하고 있다.

서비스 산업의 개혁, 개선에 관여하면서 서비스 종사자들과 토론할 기회가 많다. 그때마다 공통적으로 대두되는 서비스 업무의 풀리지 않는 의문은 다음과 같다.

1. 서비스가 중요하다고 말하면서도 "서비스란 도대체 무엇인가"라고 물으면 답은 각양각색이다.
2. 정보기술이 진화하여 고객 대응 업무는 변했으나 사람이 하고 있는 일은 그대로다.
3. 고객 만족도 향상은 공통 과제임에도 서비스 담당자들만 이를 추진하고 있다.
4. 아웃소싱 업무에 관한 노하우를 관리하지 않는다.
5. 서비스는 물건과 다르다고 하면서 물건과 똑같은 관리 방법을 사용한다.
6. 고객의 소리에 귀 기울이지 않고 '이제까지 그렇게 해왔으니까'라는 타성에 젖어 업무를 수행한다.
7. 업무가 한계에 다다르면 새로운 브랜드를 만들기만 하고, 서비스 부문은 개선하지 않는다.

서비스 업무의 7대 불가사의

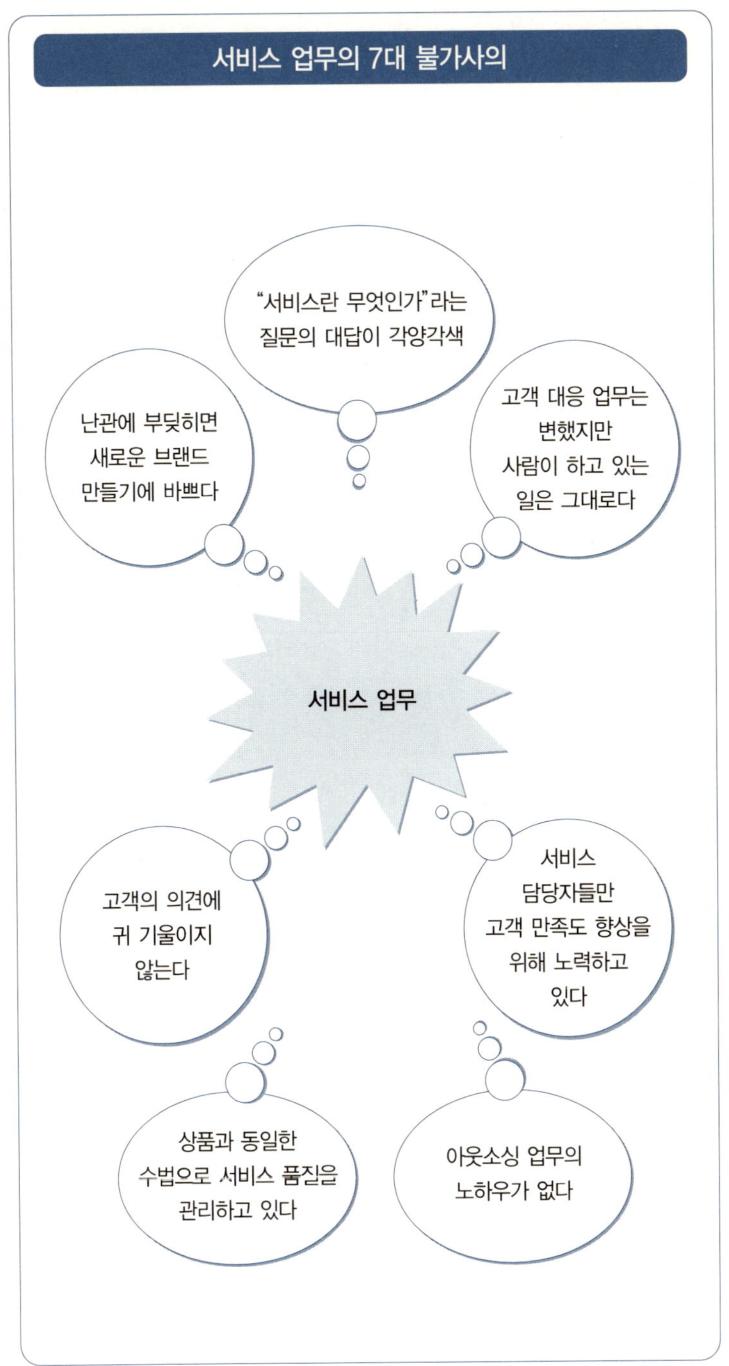

서비스가 브랜드 이미지를 결정한다

포인트

1. 브랜드 가치는 무형의 자산, 유효한 차별화 요소
2. 브랜드는 고객의 체험을 통해서 인지
3. 서비스 업무의 품질 파탄 = 브랜드 가치 저하

상품이나 서비스를 불문하고 비즈니스 경쟁에 있어서 차별화 요소가 적어진 요즘에는 브랜드 가치가 더욱 중요해지고 있다. 이러한 브랜드 가치를 일컬어 '보이지 않는 자산'이라고 한다.

브랜드 구축에는 여러 가지 방법이 있고, 브랜드 가치를 형성하는 요소도 다양하다. 그러나 아무리 용의주도하게 계획된 브랜드 전략일지라도 최종적으로 고객에게 인지되지 않으면 아무런 의미가 없다.

그렇다면 고객들은 어떻게 브랜드를 인지하는가? 대개는 그 기업에 대한 경험에 따르고 있다. 제품, 서비스, 정보·시스템, 시설·설비 등을 통해 브랜드를 체험하고, 이러한 체험을 종합한 후에 브랜드를 평가한다.

서비스는 기업과 고객을 연결하는 업무이므로 고객의 브랜드 인지도에 크게 영향을 미친다. 그러므로 서비스의 품질을 높이는 것은 브랜드 가치를 높이는 것이라고 할 수 있다. 이는 곧 서비스 품질이 떨어지면 브랜드 가치도 저하된다는 것을 의미한다.

기업 전체적으로 볼 때 중요한 것은 서비스가 브랜드 가치를 만든다는 인식이다. 서비스가 브랜드 가치를 결정한다는 것을 깨닫고 제대로 된 서비스를 제공해야 한다.

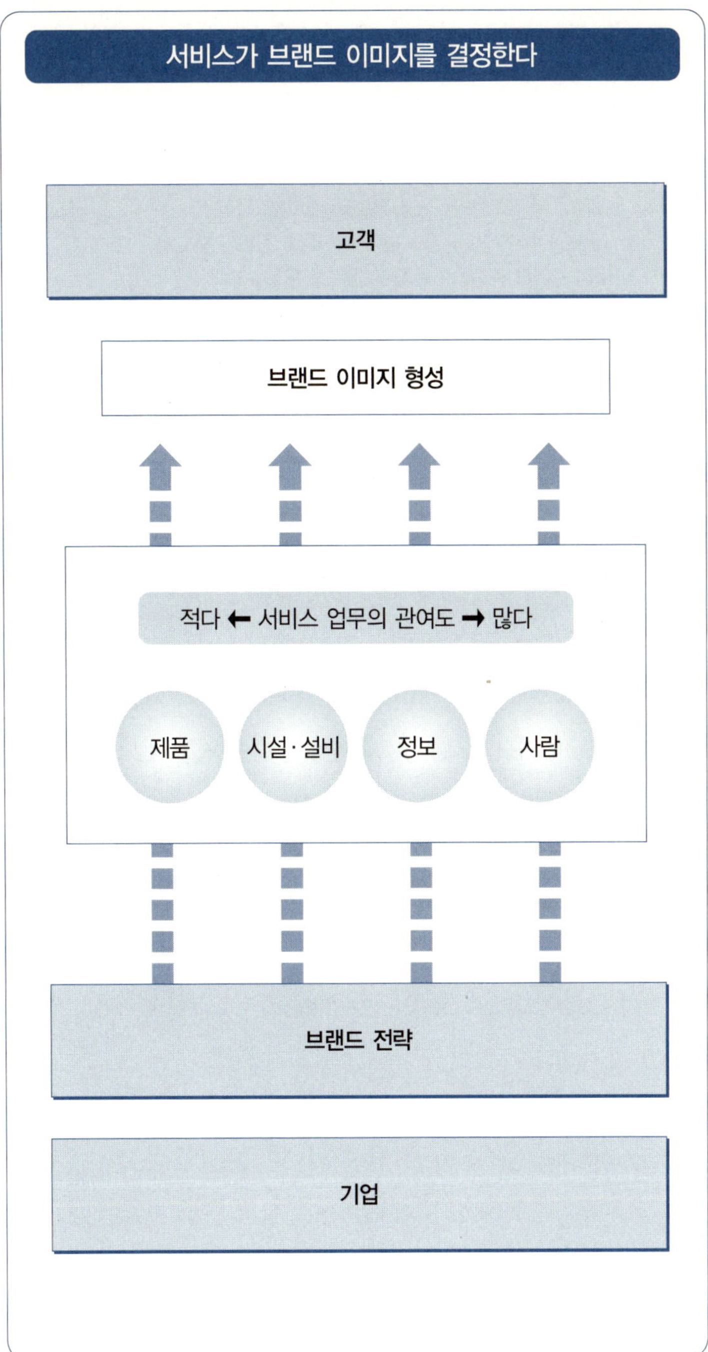

서비스가 브랜드 이미지를 결정한다
고객
브랜드 이미지 형성
적다 ← 서비스 업무의 관여도 → 많다
제품
시설·설비
정보
사람
브랜드 전략
기업

서비스의 질을 높여라

포
인
트
1. 서비스 업무의 관리는 조직적으로 해야 한다
2. 서비스 업무는 양과 질의 양 측면에서의 관리가 중요하다
3. 품질 관리를 중점적으로 연구하는 것이 필요하다

서비스 업무에 따라서 고객에 대한 가치 제공이나 기업의 업적 향상이 이루어지기 때문에 이는 조직적으로 관리해 나가야 한다.

기업의 생산성 향상을 위해 서비스 업무를 '투입과 산출의 관계'로 보는 시각이 중요하다. 즉 서비스 관리는 양(투입)과 질(산출)의 2가지 측면에서 생각해야 한다.

우선, 업무의 양을 파악하여 서비스를 제공하기 위한 적정 인원수를 파악한다. 다음으로 서비스 업무의 질을 명확히 하여 고객 만족도 향상을 관리한다.

양의 관리는 각 부문에 필요한 인원수에 직접 영향을 미치기 때문에 이제까지 많은 연구가 이루어져 왔다. 한 건당 소요된 시간, 제공되는 빈도에 따라 필요한 업무량을 산출하여 인원수를 계산한다. 그리고 업무의 발생 특성을 고려하여 보다 세밀하게 인원을 정한다.

그런데 이때 '어느 정도의 서비스 품질을 달성해야 하는가'라는 질의 관리도 필요하다. 지금까지는 서비스 품질 파악의 어려움 때문에 그저 현상유지에 만족했다. 그러나 서비스의 품질에 대해서도 체계적으로 연구하여 관리하는 체제를 구축할 필요가 있다.

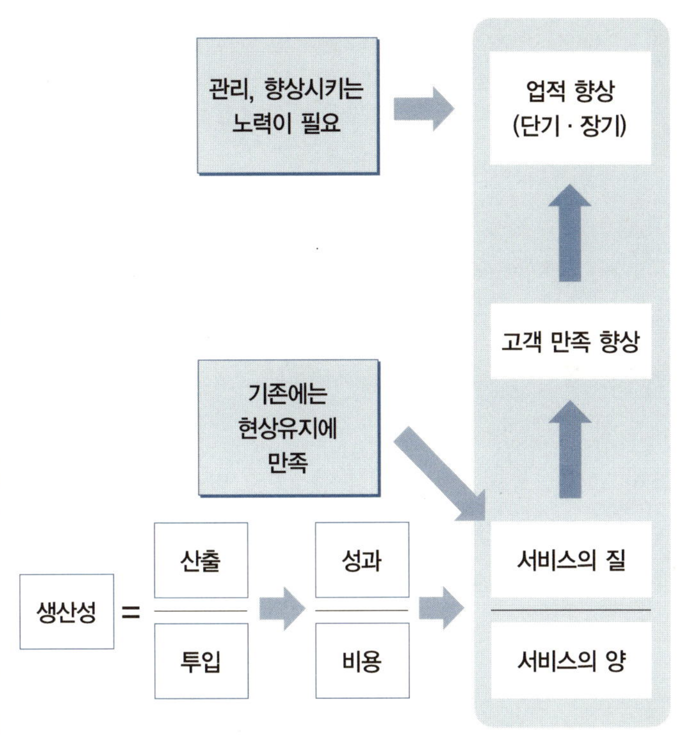

서비스 '양'의 관리
: 서비스 품질 수준 유지를 전제로 한 업무량을 파악하여 적정 인원 설정

서비스 '질'의 관리
: 고객 만족 향상 → 성과 향상에 직결되는 서비스 품질을 명확히 하여 목표 달성 관리

고객 만족은 성과 향상으로 이어진다

서비스 품질을 높이기 위해서는 서비스를 왜 향상시켜야 하는지부터 이해할 필요가 있다. 좋은 질의 서비스를 제공하는 목적은 바로 고객이 만족하도록 하기 위해서이다. 고객의 만족은 성과의 향상으로 이어지기 때문이다.

특히 고객 만족도 향상을 성과 향상으로 바로 연결하기 위해서는 단기적인 성과뿐만 아니라 지속적으로 고객에게 좋은 서비스를 제공하겠다는 장기적인 관점이 필요하다.

따라서 서비스 품질은 고객 만족도 향상 → 성과 향상이란 궁극적인 목적과 연결시킬 필요가 있다. 서비스 품질을 향상시키기 위해서는 품질뿐만 아니라 다음의 시점도 고려해야 한다.

- **효율성** 성과를 이루려면 효율성이 높아야 한다.
- **리스크 회피** 클레임에 효과적으로 대응하지 못하는 서비스는 문제가 있다.
- **일의 보람** 사람이 행하는 서비스 업무는 직원의 성장과 보람, 만족과 직결되어야 한다.

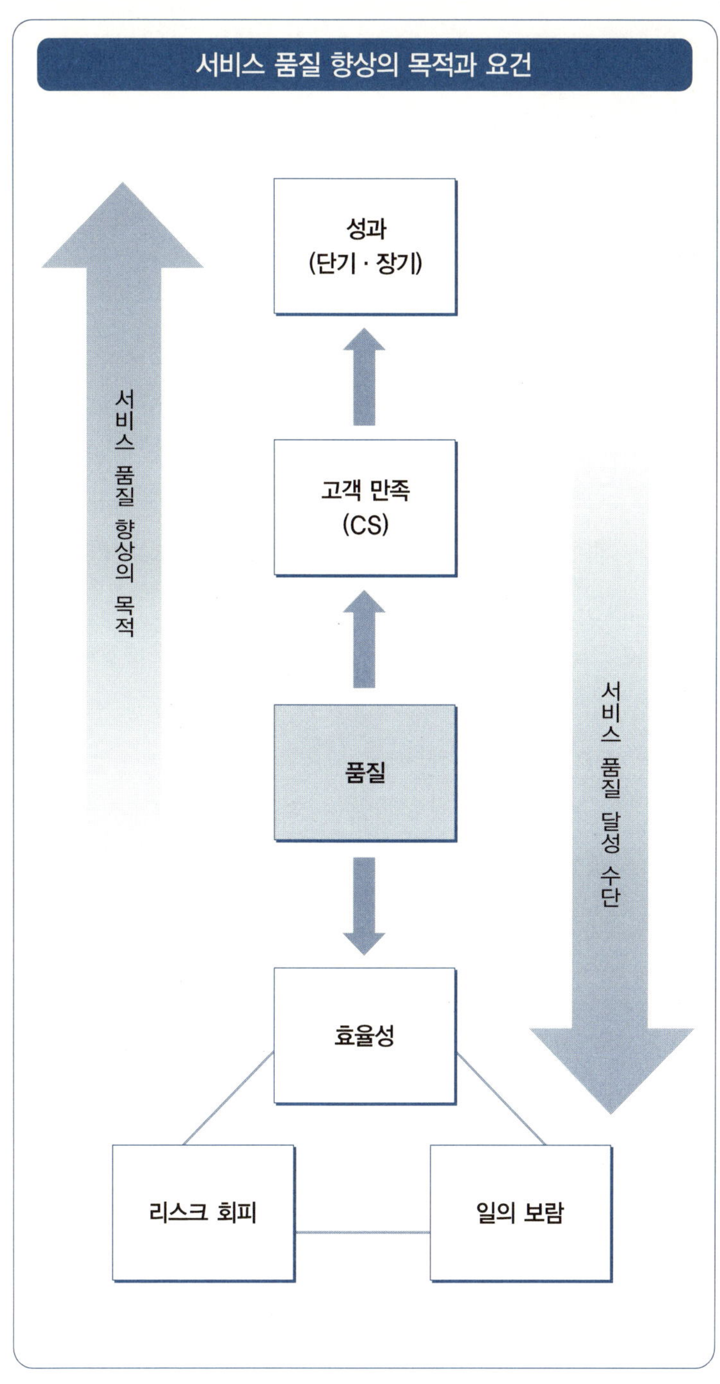

서비스 품질 향상의 목적과 요건
성과
(단기·장기)
고객 만족
(CS)
품질
효율성
리스크 회피
일의 보람
서비스 품질 향상의 목적
서비스 품질 달성 수단

서비스 품질 관리가 바로 경영 전략이다

포인트

1. 서비스 품질 관리를 현장에 떠맡겨서는 안 된다
2. 경영의 중요한 기능으로 인식시키는 일이 중요하다
3. 최종적으로 회사 전체의 기능별 서비스 업무의 최적화를 도모한다

서비스의 품질 향상은 고객 만족도 향상 → 성과 향상으로 이어져야 한다. 그러나 이제까지 기업들은 이러한 관련성을 의식하지 않았고 기대에 넘치는 수준까지 일하기보다는 하고 싶은 일을 할 수 있는 데까지만 했다.

그러나 고객의 기대를 만족시키는 서비스 업무의 품질 관리 역시 경영의 중요한 기능임을 깨달아야 한다. 즉 서비스 품질 관리가 바로 경영 전략이라는 것을 깨닫고 현장에만 떠맡겨서는 안 된다.

서비스 품질을 관리할 때도 영업, 매장, 콜센터, 애프터서비스 부문처럼 부문별로 품질 향상을 도모하는 경우가 많다. 그러나 부문별 도모에는 한계가 있다. 고객들의 다양한 기대에 보답하기 위한 부문별 기능이라 할지라도 그것이 정말로 최적의 방법이라고 할 수는 없다.

'부문별'이라는 생각을 버리고 기업 전체의 서비스 업무를 '기능별'로 정리해 최적화해야 한다.

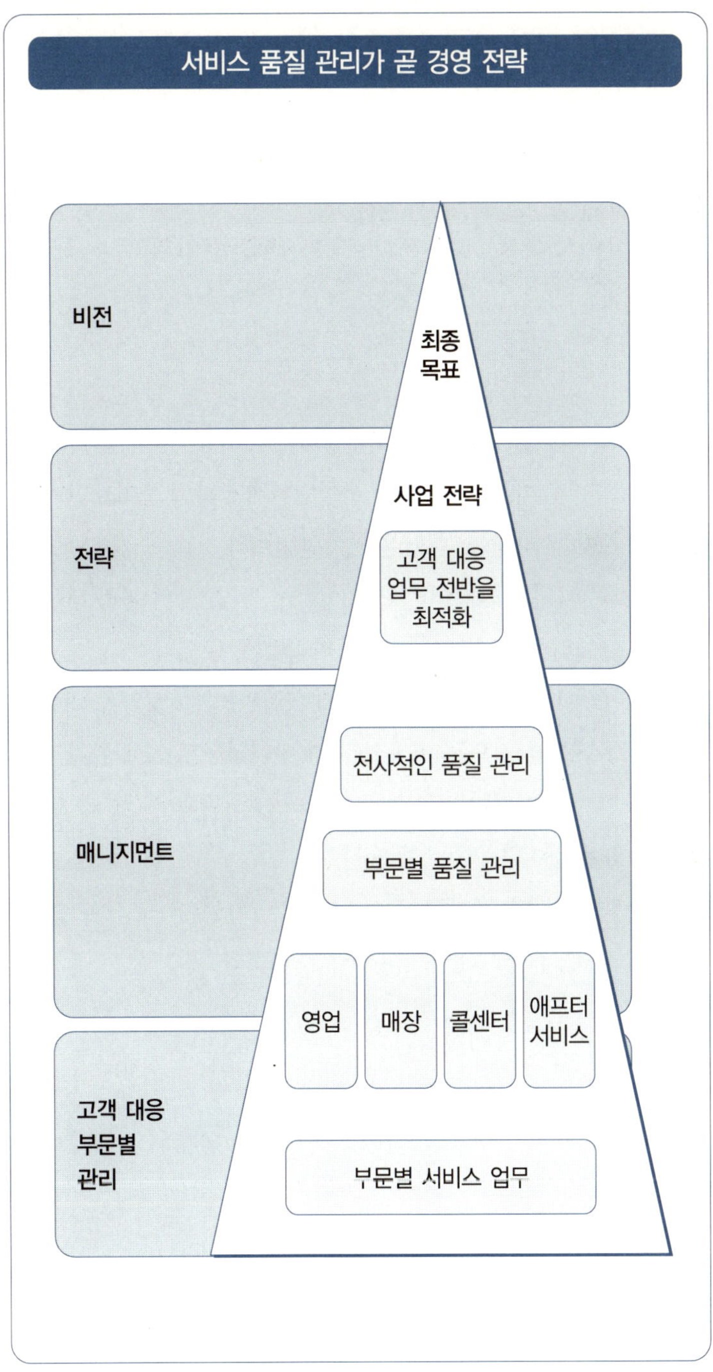
서비스 품질 관리가 곧 경영 전략
비전
전략
매니지먼트
고객 대응
부문별
관리
최종
목표
사업 전략
고객 대응
업무 전반을
최적화
전사적인 품질 관리
부문별 품질 관리
영업
매장
콜센터
애프터
서비스
부문별 서비스 업무

서비스란 무엇인가?

포인트

1. 서비스는 정의하기 어려운 단어
2. 서비스는 형태가 없기 때문에 더욱 더 명확한 정의가 필요
3. 서비스란 상대방에게 도움이 되는 모든 활동

서비스란 단어는 많은 이들이 일상적으로 사용하는 단어이다. 그러나 아이러니하게도 "서비스란 무엇입니까?"라고 물어보면 봉사, 덤, 부가가치, 배려 등 그 대답은 천차만별이다.

서비스의 어원은 라틴어 'Servitium'으로 '노예의 봉사'라는 의미이다. 단어의 뜻이 시대와 상황에 따라 변한 것이다.

많은 이들이 서비스라는 단어에 대해서 다양한 정의를 내린다. 이중 가장 명확한 정의는 미국의 저명한 컨설턴트 죠셉 쥬란 박사 Dr. Joseph Moses Juran가 내린 '서비스란 타인을 위해서 행하는 일'을 꼽을 수 있을 것이다.

즉 서비스란 상대방에게 도움이 되는 모든 활동이라고 할 수 있다.

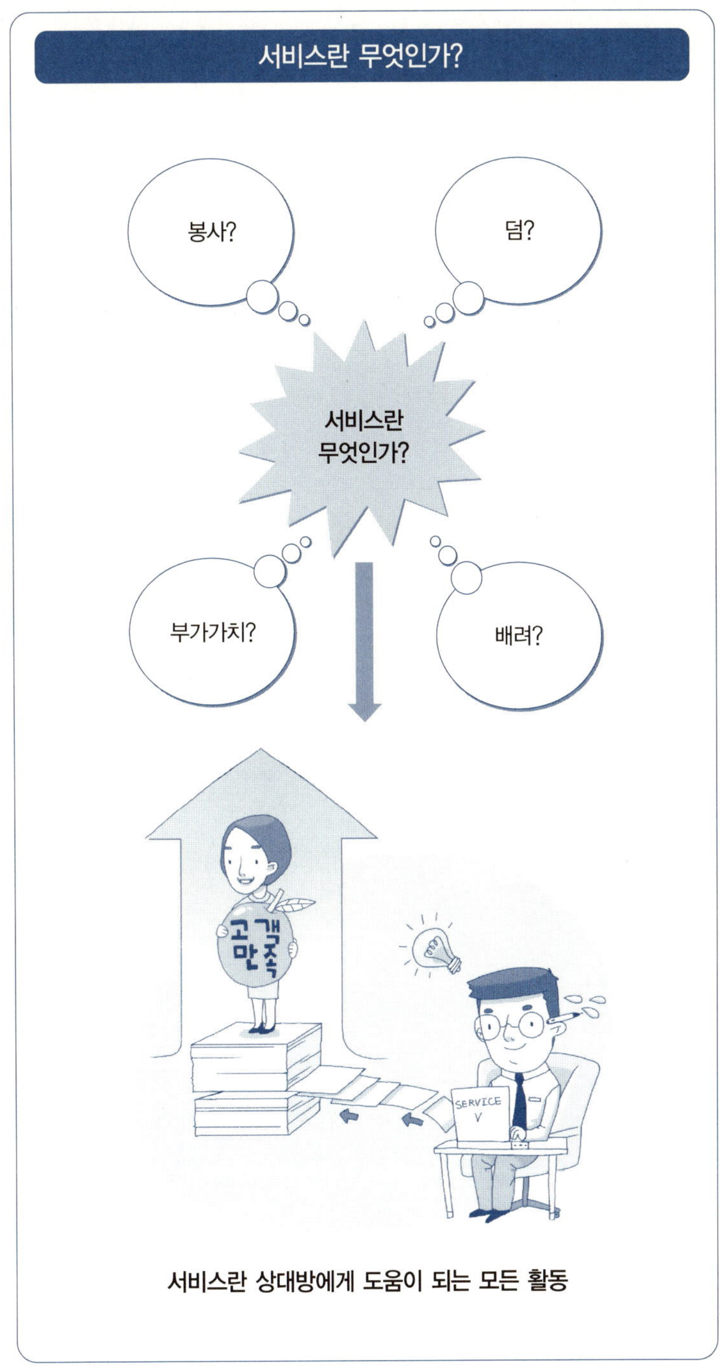

서비스란 상대방에게 도움이 되는 모든 활동

서비스 핵심용어를 다 같이 이해하라

어느 대기업 연수에서 여러 명의 관리자들과 '자주 사용하지만 저마다 다르게 이해하는 단어'에 대해서 의논한 적이 있다. 그 결과 매니지먼트, 표준화, 시책施策 등의 단어가 나열되었다. 특히 시책이란 단어에 대해서는 과제 해결의 방향이나 대책과는 어떻게 다른지, 표현할 때 어떤 차이가 있는지 등이 논의되었다.

토론이 무르익을 무렵 관리자 중 한 명이 "우리 부서의 업무는 기복이 심하기 때문에, 앞으로 업무 표준화를 이룰 필요가 있다"라는 의견을 냈다. 그러자 다른 관리자가 "이 경우에는 업무의 '표준화'가 아니라 업무의 '평준화'란 표현이 더 적합하다"라고 지적했다. 평준화는 업무의 기복을 최소화하는 것이고, 표준화는 누가 업무를 행하더라도 그 차이가 없도록 하는 것이라는 설명을 덧붙였다.

일상 업무에서 빈번히 사용하는 중요한 단어는 사내 또는 부서 단위에서 공통적으로 이해하고 사용하도록 해야 한다. 특히 다음의 그림처럼 아무 뜻 없이 사용되고 있는 단어에 대하여 공통 인식을 도모하는 노력이 필요하다. 자신의 회사에서는 이러한 공통 인식이 이루어지고 있는지 생각해 보자.

용어	정의 사례
• 서비스	상대방에게 도움이 되는 모든 활동
• 품질 관리	품질의 기획 → 설계 → 제공 → 점검 → 평가
• 매니지먼트	사람을 관리, 감독, 경영하는 것
• 문제점	목표와 현상 차이를 해결하기 위해 개선해야 할 사항
• 과제	처리하거나 해결해야 할 문제
• 시책	영역별 대책 편중 일반적으로 경영기능별 과제 해결책을 의미
• 대책	문제 해결을 위한 구체적인 방법
• 커뮤니케이션	언어 또는 비언어적인 수단을 통해 상호 전달하고 공유하는 일

서비스는 과학입니다!

포인트

1. 서비스에도 과학적 접근이 필요
2. 5단계의 접근법을 이해
3. 연구·자원 투입의 재검토가 필요

서비스 업무를 제대로 수행하기 위해서는 서비스를 과학적으로 분석하고 서비스에 대한 성과를 정량적으로 파악해야 한다.

서비스의 과학적 접근의 5단계는 ① 현 상태 파악, ② 문제점 분석, ③ 개선안 마련, ④ 실시, ⑤ 보충으로 나눌 수 있다.

지금까지는 왜 서비스의 과학적 접근이 이루어지지 않았을까? 그것은 서비스 자체가 경시되어 왔기 때문이다. 형체가 있는 제품만을 중시하고, 눈에 보이지 않으며 프로세스도 짧은 서비스를 거저 주어지는 덤 정도로 취급한 결과, 충분한 연구와 자원 투입이 이루어지지 않은 것이다.

서비스의 질을 관리하는 전문 부서나 담당자가 존재하지 않고 겸임으로 관리되어 충분한 분석 없이 간단한 아이디어 수준으로만 추진되어 왔기 때문이다.

앞으로는 이런 수준에서 벗어나 과학적 접근에 기인하여 서비스를 개선해 나가야 한다.

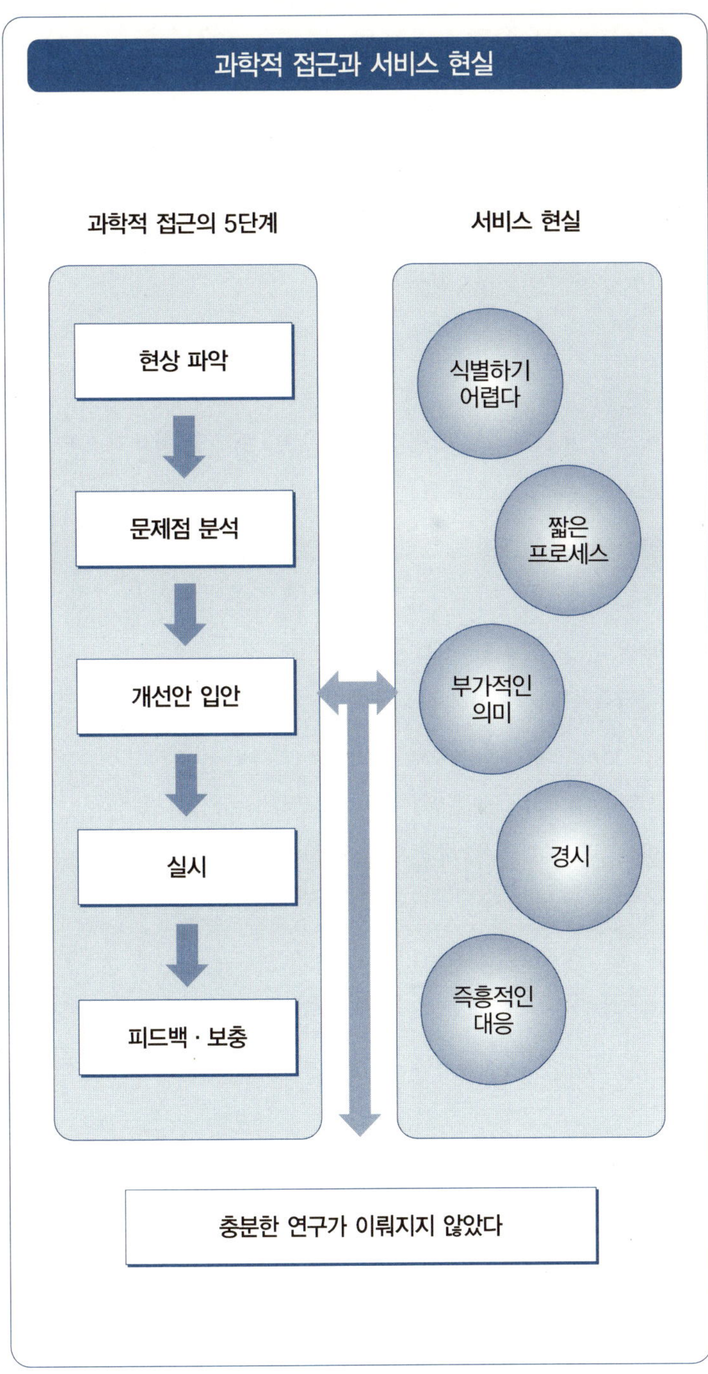

과학적 접근과 서비스 현실

과학적 접근의 5단계

서비스 현실

현상 파악

문제점 분석

개선안 입안

실시

피드백 · 보충

식별하기 어렵다

짧은 프로세스

부가적인 의미

경시

즉흥적인 대응

충분한 연구가 이뤄지지 않았다

서비스 개선의 5가지 방법

포인트

1. 서비스 개선에는 5가지 방법이 있다
2. 5가지 방법을 이해한다
3. 5가지 방법을 구분하여 사용한다

서비스를 개선하기 위해서 5가지 방법을 이해할 필요가 있다.

- **가시화** 눈에 보이게 할 것
- **원칙화** 업무 목적 달성의 방침을 명확히 할 것
- **표준화** 서비스 업무를 표준화하여 누구라도 가능하게 할 것
- **유형화** 고객의 취향에 따라서 분류할 것
- **개별화** 고객의 요구에 응답하기 위해 상황을 판단하고 경우에 따라 방법을 바꿀 것

가시화는 도해圖解로 표현하거나 녹음해서 문장화하거나, 사진을 찍는 등의 방법이 있다. 예를 들면 매장에서 고객 응대 서비스를 가시화하기 위해서는 비디오 촬영을 하는 방법이 있다. 영상을 편집하여 교육 도구로 사용하는 것이다.

또한 서비스 품질 관리를 위해서 표준화가 원칙인 것처럼 말하는 이들이 있다. 그러나 유형화를 통하여 현장에서 유효하게 활용할 수도 있다. 그리고 고객에 따라 대응 방법을 바꾸지 않으면 안 되는 경우, 개별화할 필요도 있다.

서비스 업무를 설계하는 데 있어서 가시화, 원칙화, 표준화, 유형화, 개별화의 5가지 방법을 이해하여 구분하는 것이 중요하다.

서비스 개선을 위한 5가지 방법의 차이점

가시화
Visual화
식별 가능하게 하는 일

원칙화
Principle화
업무의 목표 달성 방침을
명확히 하는 일

표준화
Standard화
불균등한 것을
최소화하여 누구나
가능하도록 하는 일

유형화
Category화
고객을 타입별로
분류하는 일

개별화
Individual화
고객 기대에 맞게
각 상황별로 대응하는 일

이럴 땐 이런 서비스!

포인트
1. 가시화를 근거로 하여 표준화, 유형화, 개별화한다
2. 어느 업무가 어느 패턴에 적합한지 판단하는 것이 중요하다
3. 원칙화도 하나의 유효한 수단이다

서비스 개선의 5가지 방법을 좀 더 자세히 살펴보자.

서비스 업무는 기본적으로 모든 업무를 가시화해야만 한다. 업무를 가시화하여 개선한 후 표준화하는 것이 하나의 방법이다. 또는 표준화하는 것보다 타입별로 대응 방법을 변화시키는 것이 더 나은 경우, 분야별로 고객을 분류하여 대처하는 것이 더 효율적일 수도 있다. 이는 유형화 분야에 포함된다.

한편, 표준화나 유형화하기 어려운 업무도 존재한다. 이러한 업무는 개별화하는 것이 좋다. 사례별로 개별화하여 축적해 가는 것도 중요한 노하우다.

서비스 업무는 표준화를 통해서 철저하게 효율을 추구할 수도 있고, 유형화로 고객 만족을 추구할 수도 있다. 또한 고객 만족도 향상을 위하여 개별화를 중시할 수도 있다. 그러므로 어느 업무가 어떤 패턴에 적합한지 판별하는 것이 중요하다.

단, 어느 정도의 수준에서 정리를 하든 서비스에는 원칙이 있다. 서비스를 가시화한 후까지 정리하는 것을 원칙화라고 한다. 원칙화하여 정리하는 것이 무엇보다 효율적인 경우도 있다.

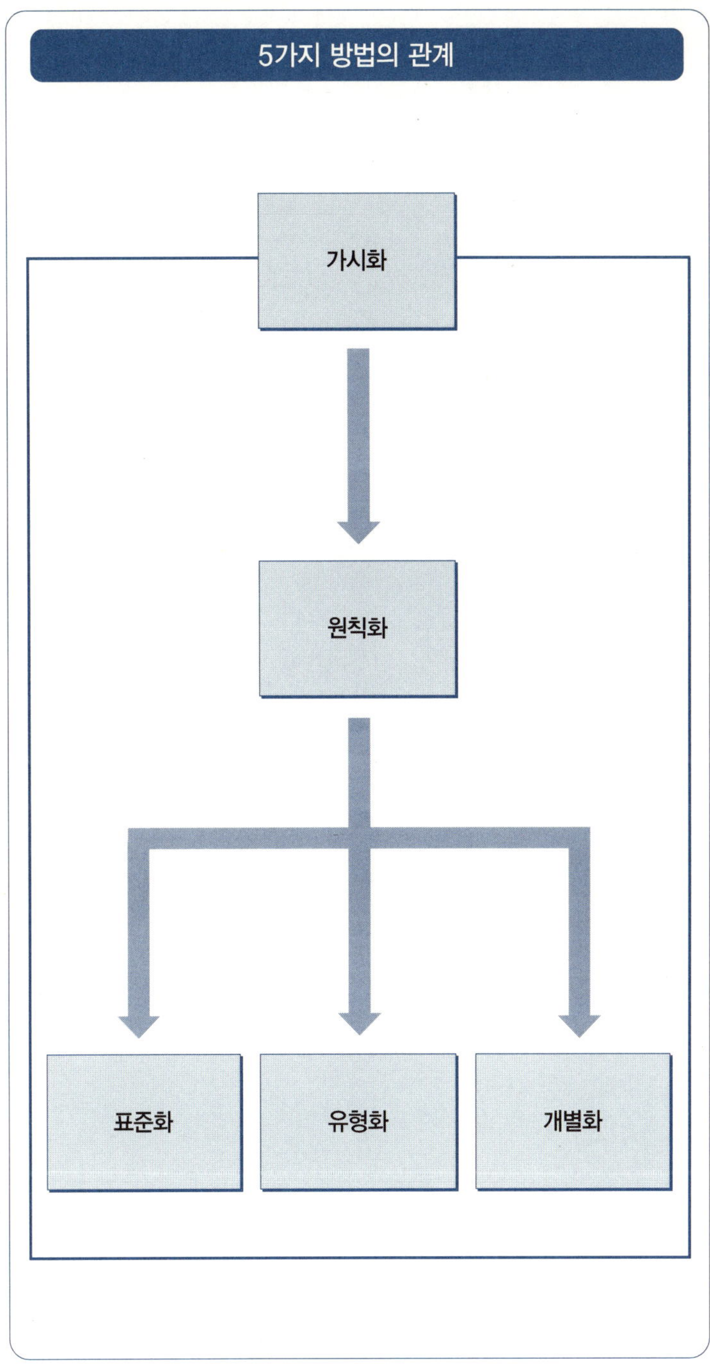
5가지 방법의 관계
가시화
원칙화
표준화
유형화
개별화

고객님의 소중한 의견을
귀 기울여 듣겠습니다!

대부분의 사람들이 기업에 어떤 의견이나 불만, 요구사항을 이야기한 적이 있을 것이다. 자주 이용하는 기업이나 앞으로도 계속 관계를 맺고 싶은 기업에는 적극적으로 의견을 말하는 것이 중요하다.

그런데 의견이나 고충을 전달해도 회답은 "고객님의 소중한 의견에 감사드립니다"로 끝나는 경우가 많다. 의견을 제시한 측도 즉각적인 대응이나 해결 방법이 없을 것이라고 생각하며 쉽게 납득한다. 그러나 그 이후에도 지적한 점이 개선되지 않거나, 또다시 같은 불만을 느끼게 된다면 그 기업이 진심으로 개선할 의사가 없다는 생각이 들어 실망하게 된다.

언젠가 자동차 보험회사에 인터넷으로 의견을 보낸 적이 있다. 시간이 흐르고 잊어버릴 즈음에 다음과 같은 메일이 왔다.

'고객님께서 지적해 주신 내용은 개선 방향이 정해져 조만간 변경될 예정입니다. 진심으로 감사드립니다.'

의견을 보낸 지 몇 달이 경과했지만 내 의견을 진지하게 받아준 것을 알게 되었고, 개선한다는 보고까지 해주어 감동을 받았다. 물론 그 회사를 이전보다 더 신뢰하게 된 것은 말할 것도 없다.

3장

서비스 수준을
업그레이드하라

서비스 품질 관리의 5단계

포인트
1. 서비스 품질 관리의 5단계
2. 서비스 품질 관리는 체계적이고 계획적으로 진행한다
3. 점검·평가 결과를 피드백하여 개선한다

서비스 품질 관리를 위해서는 다음의 5단계를 반복하는 것이 중요하다.

- **기획** 기업의 비전과 전략에 근거하여, 고객 만족도 향상을 위해 고객의 어떤 기대를 충족시켜야 하는지를 명확히 한다. 이를 업무의 품질 기준으로 설정한다.
- **설계** 기획에 근거하여 품질 목표 달성을 위한 업무 과제를 도출한다. 이를 통해 개선 후의 업무가 어떻게 전개될 것인지를 재검토한다.
- **제공** 설계한 업무를 실천하고 고객에게 서비스를 제공한다. 업무 담당자의 교육, 노하우의 축적이 이루어진다.
- **점검** 품질 관리 목표의 달성 여부를 확인하고 새로운 개선점은 무엇인지 사내에서 체크한다.
- **평가** 업무 품질을 고객에게 평가받고 고객 만족도를 명확히 한다.

점검과 평가는 체크하는 주체가 회사 내부인지, 고객인지에 따라 달라지며, 어느 쪽의 결과라도 피드백하여 기획 단계에서 개선하는 것이 중요하다. 현재의 서비스 업무는 담당자 개개인의 능력에 의존하는 경향이 크지만 앞으로는 이 5단계를 체계적으로 진행하여 개선해 나가야 한다.

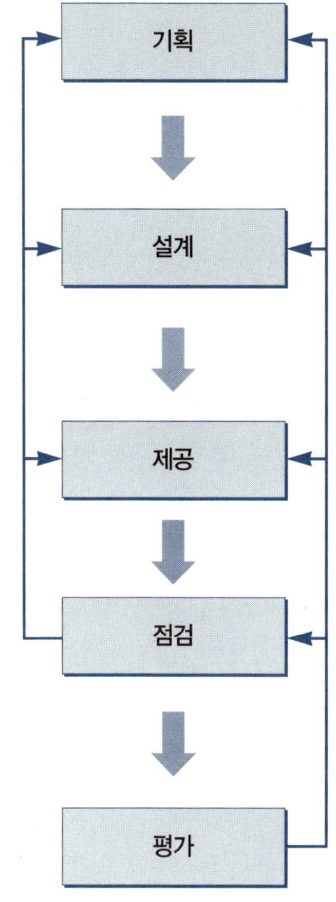

- 기업의 비전, 전략을 토대로 고객의 기대를 어떻게 만족시킬 것인지를 업무 품질 기준으로 삼아 목표를 명확히 한다

- 품질 목표 달성을 위한 업무 과제를 파악하고, 명확히 설계한다

- 업무 설계를 근거로 실천, 교육, 조직 구성, 도구 작성을 실시한다

- 자사 내에서 서비스 품질이 향상되고 있는지를 조사하여 향상되지 않은 경우에는 원인과 대책을 강구한다

- 고객에게 만족도와 업무 품질을 평가하게 하여 문제가 있을 경우에는 그 원인과 대책을 명확히 한다

점검, 평가 결과의 피드백이 중요

사이클 회전 포인트
· 체계적
· 계획적

서비스를 관리하라!
고객은 소중하니까

서비스 품질 관리는 앞서 언급한 것처럼 5단계로 구성되어 있고, 단계별로 정확히 실행하는 것이 중요하다.

기획 단계에서는 기업의 비전과 전략을 확인한 후 고객 정보를 수집한다. 수집된 정보를 통해 고객 만족도 향상을 위한 고객 기대를 파악한다. 그런 다음 기대 수준을 분류하여 서비스의 품질 기준을 설정해야 한다. 이를 기준으로 목표를 정하고 '무엇을 언제, 어느 수준까지 할 것인가' 하는 지표 체계를 구축한다.

품질의 설계 단계에서는 기획한 목표를 달성하기 위하여 현재의 업무 과제를 도출하고, 과제 해결을 위한 업무 개선안을 마련하여 새로운 업무로 가시화한다. 설계한 품질을 고객에게 제공할 때에는 교육 과정을 통해 직원들의 능력 향상을 도모하여 현장에서 보다 효율적인 노하우를 축적한다.

품질의 점검·평가 단계에서는 회사 내부 또는 고객의 시선에서 항목을 설정하고, 어떠한 방법으로 이행할지를 정해 조직적으로 움직여야 한다. 그리고 무엇보다 중요한 것은 점검·평가 결과를 처음의 기획 단계로 피드백하여 개선하는 것이다.

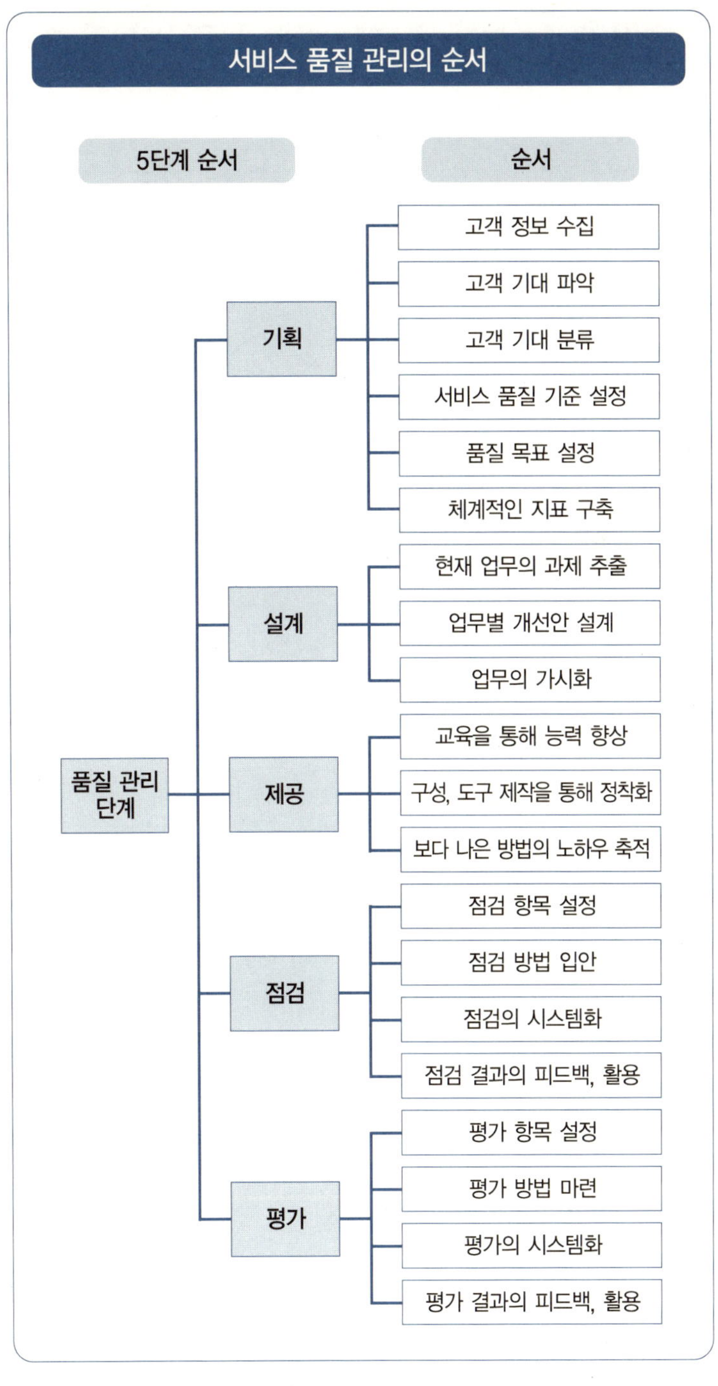

서비스 품질 관리의 순서
5단계 순서
순서
품질 관리
단계
기획
고객 정보 수집
고객 기대 파악
고객 기대 분류
서비스 품질 기준 설정
품질 목표 설정
체계적인 지표 구축
설계
현재 업무의 과제 추출
업무별 개선안 설계
업무의 가시화
제공
교육을 통해 능력 향상
구성, 도구 제작을 통해 정착화
보다 나은 방법의 노하우 축적
점검
점검 항목 설정
점검 방법 입안
점검의 시스템화
점검 결과의 피드백, 활용
평가
평가 항목 설정
평가 방법 마련
평가의 시스템화
평가 결과의 피드백, 활용

고객은 서비스하기 나름이에요

포인트

1. 고객의 기대를 기준으로 기획한다
2. 고객의 기대에서 서비스 품질 기준을 설정한다
3. 기준에 근거한 지표 체계를 명확히 하여 목표를 설정한다

서비스 품질의 기획은 품질 관리 프로세스의 출발점이 되는 부분이지만, 이전과 같은 방법으로는 부족한 점이 많다. '고객의 기대 이상으로 대응한다'는 것은 좋게 말하면 이상적이고, 나쁘게 이야기하면 담당자 개개인에게 의존한다는 것이기 때문이다. 이를 방지하기 위해서는 다음의 순서에 따라 기획한다.

- **고객 정보의 수집** 고객에게 가치 있는 서비스 품질을 기획해야 하므로 고객의 정보를 수집하는 것이 출발점이 된다.
- **고객 기대의 파악** 고객 만족은 사전 기대와 서비스 품질의 관계로 판단되기 때문에 고객의 기대를 먼저 파악해야 한다.
- **고객 기대의 분류** 고객의 기대를 검토하다 보면 다양한 기대가 나타나는데 이것을 기준 레벨, 기대 레벨, 기대 초과 레벨의 3가지 레벨로 분류한다.
- **서비스 품질 기준의 설정** 고객의 기대에 응답하기 위해서는 서비스 품질 기준을 설정해야 한다.
- **지표 체계의 구축** 서비스 품질 기준을 지표화함과 동시에, 업적·고객 만족·효율·리스크·일의 보람과의 관계를 명확히 한다.
- **서비스 목표의 설정** 서비스 품질지수를 기준으로 서비스 품질 목표를 확실하게 정한다.

서비스 기획 순서

고객

고객

고객 정보 수집

고객 기대 파악

고객 기대 분류

서비스 품질 기준 설정

체계적인 지표 구축

품질 목표 설정

용의주도한 고객 정보 수집

요즘은 모든 기업들이 많은 노력을 들여 고객 정보를 수집하고 있다. 예를 들면 각종 시장 조사 데이터, 고객 만족도 조사 결과, 고객의 목소리(고객의 고충·건의) 등이 있다. 그러나 어느 부서가 어떠한 고객 정보를 수집하고 있는지 전체적으로 파악되지 않는 경우가 있다. 그럴 경우, 먼저 어느 부서에 어떠한 고객 정보가 있는지부터 파악하는 것이 우선이다.

그런 다음 개개인의 고객 정보를 어떠한 목적과 방법으로 수집하고 있는지를 파악할 필요가 있다. 각각의 부서가 서로 다른 목적으로 수집하고 있다면 언뜻 보기에는 똑같은 고객 정보같지만 대상이 다르거나 편중되는 문제가 발생하기 때문이다.

그리고 정량定量데이터와 정성定性데이터를 조합해서 활용해야 한다. 개선이 필요한 경우 정량데이터의 집계·분석은 하지만, 자유회답(서술형) 등의 정성데이터에 관한 분석과 관계 정립은 하지 않는 경우가 많다. 정량데이터는 종합적인 좋고 나쁨의 평가는 할 수 있지만, 그 이유나 원인을 알기는 힘들다. 정량데이터와 함께 고객의 목소리를 대표하는 정성데이터와 조합함으로써 효과적으로 고객의 기대를 파악할 수 있다.

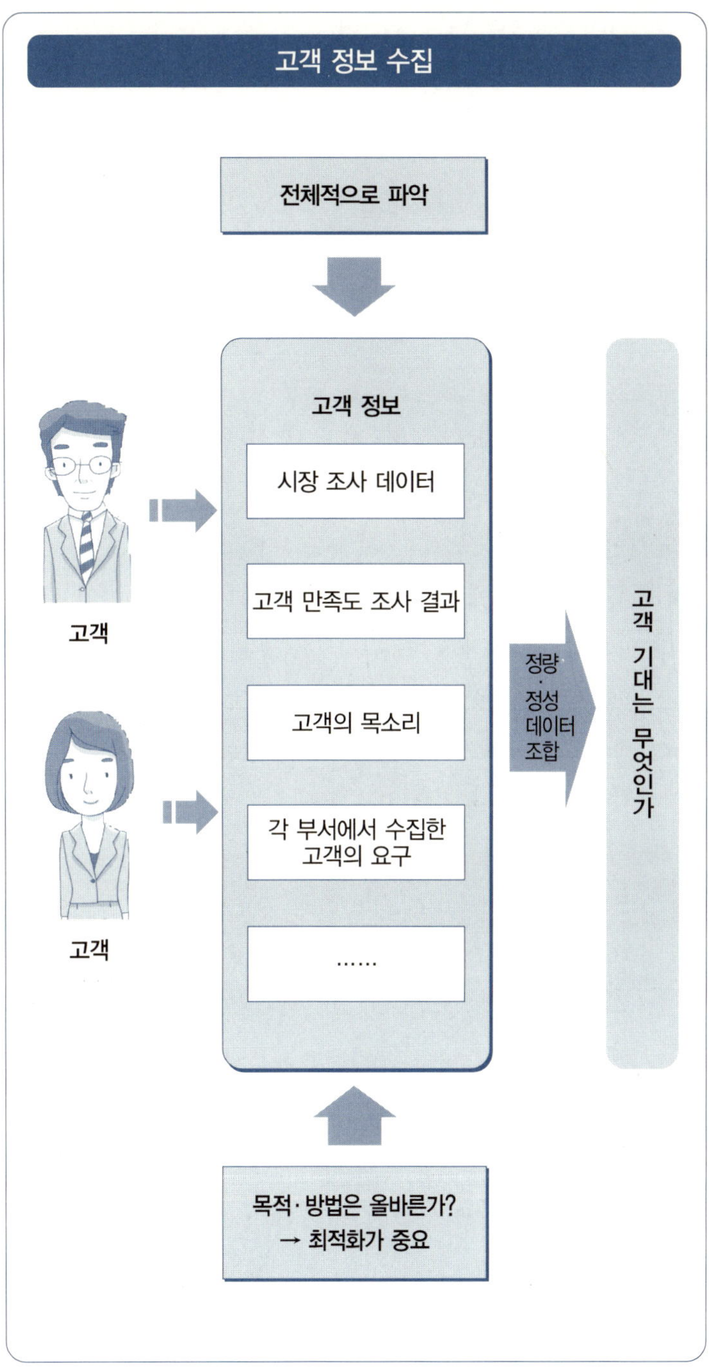

고객 정보 수집
전체적으로 파악
고객 정보
시장 조사 데이터
고객 만족도 조사 결과
고객의 목소리
각 부서에서 수집한 고객의 요구
……
고객
고객
정량·정성 데이터 조합
고객 기대는 무엇인가
목적·방법은 올바른가?
→ 최적화가 중요

고객 기대의 재발견

1. 기대 파악의 분석 시점을 활용한다
2. 고객 분류의 관점을 첨가한다
3. 표면적 기대만이 아니라 잠재적 기대를 발견한다

서비스 품질을 기획하기 위해서는 고객의 기대를 파악해야 한다. 고객의 기대를 제대로 파악하기 위해서는 다음의 분석 시점을 활용하는 것이 유용하다.

- **고객의 QCDSM에서 바라본다** 사내 업무 관리 시점인 QCDSM(Quality 품질, Cost 비용, Delivery 납기, Safety 안전, Morale 사기)을 고객의 입장에서 고려하여 어떠한 기대가 있는지 검토한다.

- **고객 행동 프로세스를 검토한다** 서비스를 제공받기 위해서는 어떤 형태로든 행동을 동반하게 된다. 고객의 행동 프로세스별로 어떠한 기대가 있는지 검토한다.

- **고객 만족 요건에서 바라본다** 현재 제공하는 서비스에 어떠한 특성이 있고, 그 특성을 생각했을 때 어떠한 기대에 답하지 못하면 고객이 불만을 드러내는지 검토한다.

- **고객을 분류한다** 고객을 성향별로 분류한 뒤, 위의 3가지 관점에서 밝혀내어 공통의 기대와 성향별 기대를 발견한다.

이러한 관점에서 고객의 기대를 검토할 때에는 고객의 의견을 반영하는 것뿐만 아니라 잠재적 기대를 파악하는 것도 중요하다.

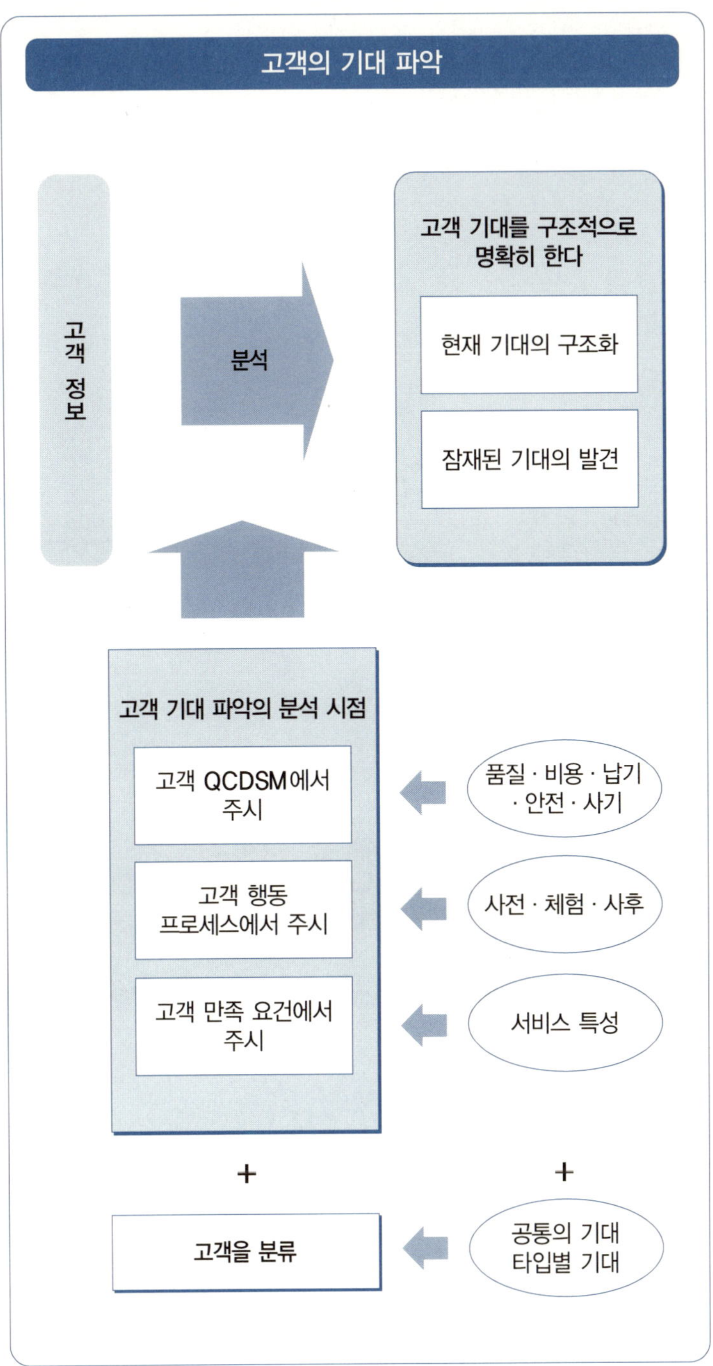

고객의 기대 파악
고객 정보
분석
고객 기대를 구조적으로 명확히 한다
현재 기대의 구조화
잠재된 기대의 발견
고객 기대 파악의 분석 시점
고객 QCDSM에서 주시
고객 행동 프로세스에서 주시
고객 만족 요건에서 주시
품질 · 비용 · 납기 · 안전 · 사기
사전 · 체험 · 사후
서비스 특성
+
+
고객을 분류
공통의 기대 타입별 기대

5가지 시점에서 고객 기대를 명확히 한다

사내 업무의 5가지 관리 시점

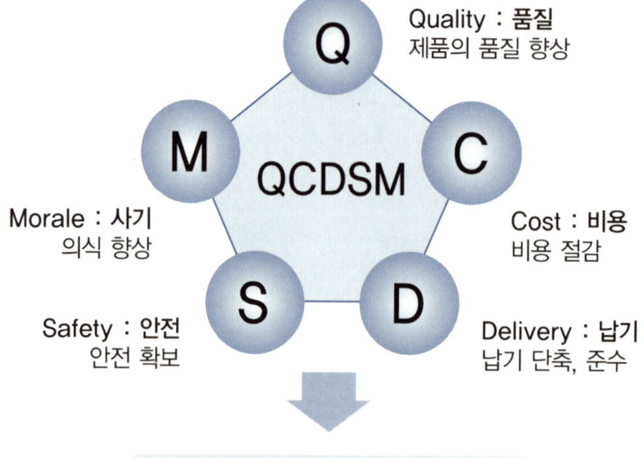

고객 입장에서의 5가지 관리 시점

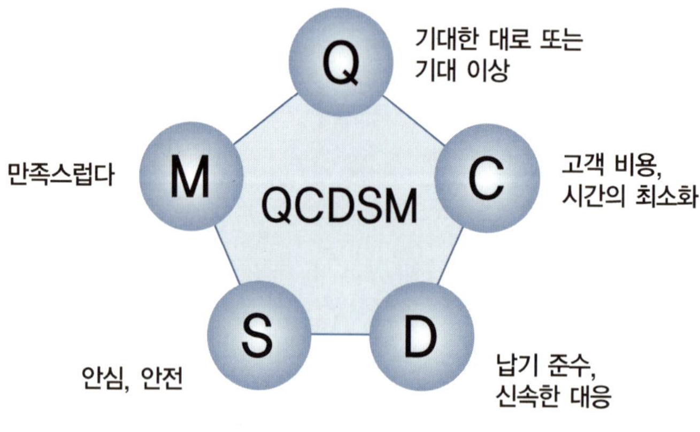

사내 업무에서 사용하는 QCDSM의 시점을 고객에게
적용하여 어떠한 기대가 있는지 명확히 한다

고객 행동 프로세스별 고객 기대를 명확히 한다

	고객 행동 프로세스	고객 기대
사전	전화번호 조사	쉽게 연락할 수 있었으면 좋겠다
	……	……
	……	……
체험	전화를 건다	통화가 용이하면 좋겠다
	……	……
	……	……
사후	경험한 내용을 토대로 신청서에 기입	쉽게 기입할 수 있도록 간편했으면 좋겠다
	……	……
	……	……

- 고객 입장에서 행동을 매 시간별로 체크
- 서비스를 받을 때뿐만 아니라 사전, 사후의 행동도 점검해 행동별로 어떤 기대를 하고 있는지 조사한다

서비스 특성의 고객 만족 요건을 명확히 한다

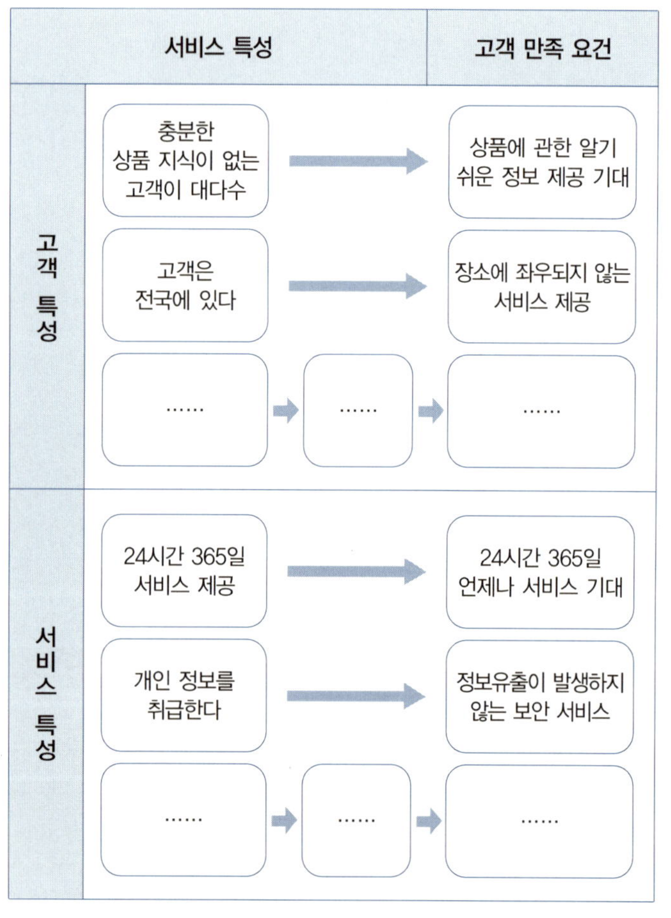

고객 서비스, 사업 프로세스에서 서비스의 특성을 이해하여
어떤 점이 부족하면 고객이 불만을 드러내는지
고객 만족 요건으로 재점검

고객 기대를 분류, 구조화함으로써 전체적으로 파악하여 잠재된 기대를 발견한다

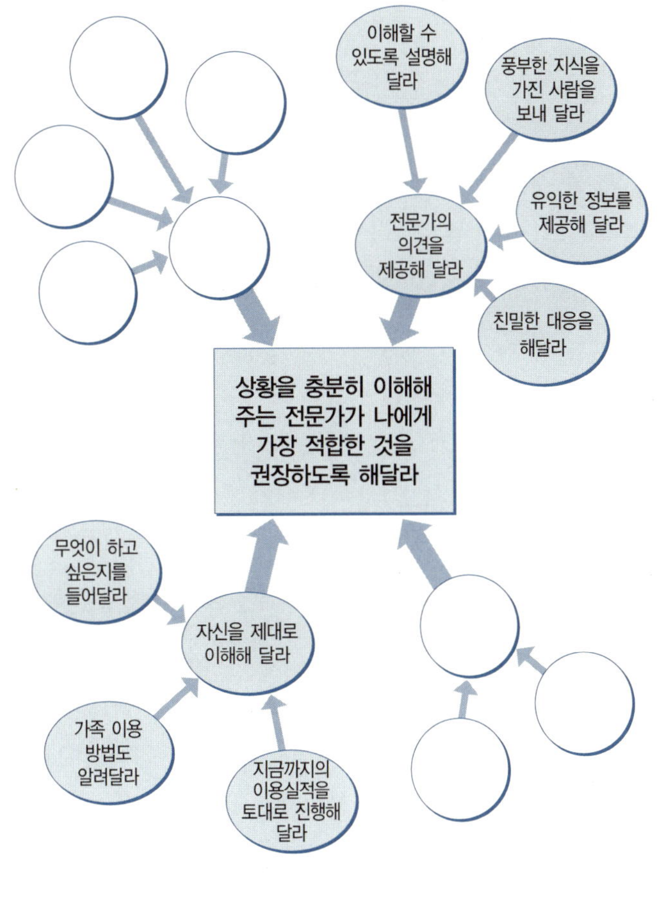

개별적으로 조사된 고객 기대의 상위 개념이 무엇인지를 고려해 구조적으로 정리한다. 상위 개념에서 봤을 때 누락된 부분이 없는지, 잠재적인 기대는 없는지를 검토한다

고객의 기대에도 위아래가 있다

포인트

1. 고객의 기대에는 레벨이 있다
2. 기본 레벨, 기대 레벨, 기대 초과 레벨의 3가지 레벨로 정리한다
3. 3가지 레벨을 서비스 품질 기준에 연결한다

고객의 기대에는 레벨의 차이가 있다. 기대는 고객이 체험한 여러 가지 서비스에서 형성된다. 업계의 특성과 관계없이 모든 서비스와 경쟁 환경에 이러한 레벨의 차이는 존재한다. 기대는 다음과 같이 3가지 레벨로 분류된다.

첫째는 기본 레벨이다. '당연하다'고 여기는 기대로, 이를 충족시켜도 만족으로는 이어지지 않는다. 오히려 충족시키지 못하면 불만이 생긴다. 전형적인 것으로 말이나 매너가 있으며, 이러한 것들은 고객 기대의 기본이며 동시에 불만의 원인이 되기도 한다.

둘째는 기대 레벨이다. '이 정도는 해주길 바란다'라는 기대이다. 이 기대는 대응하는 방법에 따라서 만족도가 변한다. 예를 들면 '가능하면 빨리, 가능하면 일주일 내로 수리를 끝내주길 바란다'라는 기대를 가진 고객에게는 일주일 내로 수리를 끝내면 보통이지만, 3일이 소요된다면 만족으로 이어진다.

셋째는 기대 초과 레벨이다. '여기까지는 기대하지 않았다'라는 것이다. 이 레벨을 충족시키면 고객으로부터 대만족의 평가를 받게 된다.

이러한 고객의 기대를 분류하여 서비스 품질 기준으로 연결하면 기업의 성장, 발전에 도움이 된다.

기대 초과 레벨

이렇게까지 대응할 줄은 몰랐다

- 자신의 라이프스타일에 적합한 대응을 기대
- 자신의 상상을 초월한 서비스를 기대 등

기대 레벨

이 정도의 대응은 해줘야 한다

- 카드 서비스를 유용하게 사용하고 싶다
- 사이버 범죄의 우려가 없게 해달라
- 다수의 카드를 사용하지 않게 해달라 등

기본 레벨

당연한 대응이다

- 안심하고 사용할 수 있게 해달라
- 청구서에 오류가 없게 해달라
- 상시 사용 가능하도록 해달라 등

고객이 OK할 때까지

1. 고객의 기대를 업무 품질 기준으로 정한다
2. 기반·기대·돌출의 3가지 레벨로 품질 기준을 설정한다
3. 피드백하여 필요에 따라 상품 기획에 반영한다

품질을 기획한 다음에는 고객 기대를 품질 기준으로 정한다. 그러기 위해 우선 고객 기대에 부응하는 업무가 무엇인지를 고려한 다음, 앞의 3가지 레벨의 고객 기대에 대응해서 어떠한 가치를 제공할 것인지를 정한다.

첫째는 기반 품질이다. 이것은 기본 레벨의 기대를 만족시킴으로써 불만을 방지하는 서비스이다. 예를 들면 '안심하고 사용할 수 있게 해주길 바란다'는 기대에 대해, 개인정보 누출을 방지하는 보안 프로그램 서비스를 제공함으로써 비밀을 보장하는 것이다.

둘째는 기대 품질이다. 기대 레벨을 통해 고객을 만족시키는 서비스이다. 예를 들면 '사용하기 쉽게 해달라'는 기대에 대해, 고객에게 적절한 타이밍에 쉬운 사용법을 설명해 주는 것이다.

셋째는 돌출 품질이다. 이것은 기대 초과 레벨에 부응하는 것으로 '초과 만족을 위한 품질'이다. 고객의 잠재적 기대에 근거하여 서비스 품질 기준을 설정한다.

이처럼 고객의 기대에 부응함으로써 고객 만족도 향상에 연결될 수 있는 서비스 품질 기준을 정한다.

한편, 서비스 품질에는 상품 자체의 개선이나 신상품에 반영하기 위한 것도 있으므로 피드백하여 상품 기획에도 반영한다.

서비스 품질 기준 설정

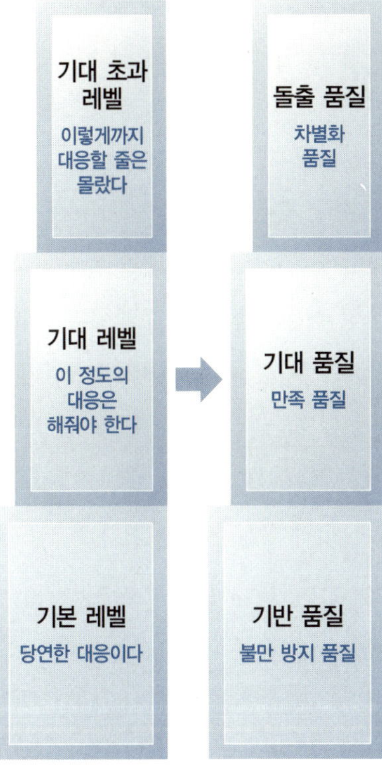

기대 레벨

업무 품질 기준

기대에 부응하기 위해 업무상 어떠한 품질을
제공해야 하는지 레벨별로 결정한다

〈신용 카드 회사의 사례〉

기대 초과
레벨
이렇게까지
대응할 줄은
몰랐다

돌출 품질
차별화
품질

• 고객 시점에서의 서비
스 혁신, 업계 간 연계
• 특화된 카드 사용 제안 등

기대 레벨
이 정도의
대응은
해줘야 한다

기대 품질
만족 품질

• 고객에게 적절한 타이
밍에 정보 제공
• 범죄 예방 조치
• 각종 카드와의 일체화 등

기본 레벨
당연한 대응이다

기반 품질
불만 방지 품질

• 개인 정보 누출에 대한
불안감 해소
• 정확한 수속
• 금액, 시간대별 이용 제
한 없음 등

고객이 만족하는 서비스를 했는가

1. 서비스 품질 향상의 확인 방법을 지표로 정한다
2. 고객 만족과 서비스와의 연결 관계를 명확히 한다
3. 효율·리스크·일의 보람과의 관계성을 명확히 한다

서비스 품질 기준이 정해지면 목표 달성 정도를 어떻게 확인할 것인지도 정해야 한다. 구체적으로는 목표의 표적과 수치가 되는 지표를 설정하는 작업이다. 기준수치에서 측정할 수 있는 것을 찾아 그 범위에서 지표를 설정한다. 그러나 이러한 방법으로는 중요한 지표가 누락될 위험이 있다.

지표를 설정하는 것은 서비스 품질을 향상시키기 위한 것이므로 몇 퍼센트의 상승이 중요한 것이 아니라 서비스가 어떻게 향상되었는지를 구체적으로 밝히는 것이 중요하다. 이러한 상태를 지표화하기 위해서 어떠한 측정법과 정의가 필요한지를 생각해야 한다.

지표에는 업적·고객 만족·효율·리스크·일의 보람과의 상관관계가 필요하다. 특히 업적과 고객 만족 지표의 관계를 밝혀 서비스 품질 향상→고객 만족도 향상→성과 향상으로 연결되는 것을 확인해야 한다.

더욱이 효율면에서는 품질과 효율을 동시에 실현한다는 관점에서 지표의 관계성을 명확히 한다. 예를 들면 고객의 요구에 대해서 단기간에 효율적으로 대응하는 것이다. 즉 오랜 시간이 걸려야 일이 제대로 해결된다는 고정관념을 버리고 단기간에 효율적으로 대응해야 한다.

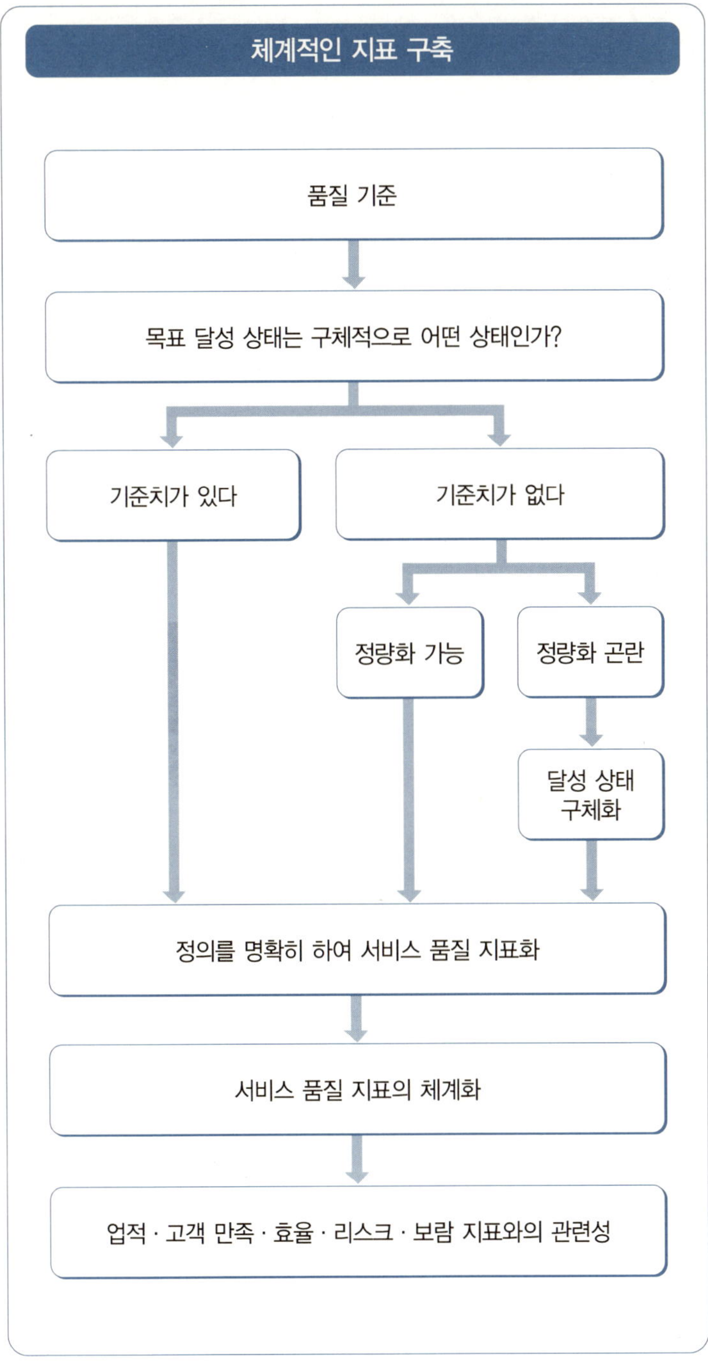

체계적인 지표 구축
품질 기준
목표 달성 상태는 구체적으로 어떤 상태인가?
기준치가 있다
기준치가 없다
정량화 가능
정량화 곤란
달성 상태 구체화
정의를 명확히 하여 서비스 품질 지표화
서비스 품질 지표의 체계화
업적 · 고객 만족 · 효율 · 리스크 · 보람 지표와의 관련성

서비스 품질 목표의 설정

포인트
1. 기준 레벨별 가이드라인을 정한다
2. 현재 업무에 대한 달성 목표를 파악하고 평가한다
3. 기대에 부응하기 위한 서비스 품질 목표를 정한다

서비스 품질 지표가 확정되면 품질 목표를 정한다. 여기서 목표란 '하는 데까지 한다'는 식이 아니라 구체적으로 일정 기준에 근거하여 누구라도 알 수 있는 것이어야 한다. 그 가이드라인은 다음과 같다.

기반 품질은 불만 방지가 목표이기 때문에 불만을 발생시키지 않는 수준 달성을 목표로 삼는다.

기대 품질은 고객을 만족시키는 것이 목표지만 그 가이드라인은 2가지로 분류된다. 첫 번째는 최소한의 기대 수준을 유지하는 것이고, 두 번째는 경쟁 우위를 확보하기 위해 $+\alpha$의 보다 높은 수준의 목표를 설정하는 것이다.

접수 단계에서부터 완료에 이르기까지 경쟁 회사가 일주일 이내에 완료한다면, 일주일 이내는 최소한의 목표(타회사 수준), 3일 이내면 $+\alpha$(경쟁 우위)가 된다. 모든 것을 $+\alpha$로 하는 것은 어렵기 때문에 어디에 중점을 둘 것인지를 정할 필요가 있다.

돌출 품질은 타회사에는 없는 품질로, 쉽게 모방할 수 없는 높은 레벨로 설정하는 것이다. 그러나 현재의 상황을 모르면 개선의 정도를 비교할 수 없기 때문에 경쟁사와의 비교를 통해 현재의 만족도를 지표로 측정하는 것이 우선이다.

서비스 품질 목표의 설정

목표 설정 가이드라인의 명확화

현재 서비스의 달성도 파악과 평가

고도의 기대에 부응하기 위한 품질 목표 설정

〈목표 설정의 가이드 라인〉

돌출 품질
차별화 품질

- '어떻게 하면 경쟁우위를 차지할 수 있을까?' 라는 시점에서 목표를 정한다

기대 품질
만족 품질

- 준수해야 할 최소한의 목표와 $+\alpha$의 보다 높은 수준의 목표를 정한다

기반 품질
불만 방지 품질

- 불만이 발생하지 않는 수준까지는 반드시 달성한다

서비스 지표를 체계화하라

포인트
1. 결과 지표는 결과의 좋고 나쁨을 판단하는 것
2. 수단 지표는 결과를 초래하는 요인이 되는 것
3. 결과와 수단의 관계를 체계화한다

기획 단계에서는 최종적으로 지표에 근거한 목표를 실행한다. 지표는 고객 만족, 업적 목표와 연동시킬 필요가 있다. 또한 보다 효율적인 업무를 하기 위해 품질뿐만 아니라 효율·리스크·일의 보람이라는 측면도 함께 검토해야 한다. 먼저 기본적으로 알아두어야 할 것은 다음과 같다.

지표는 결과의 좋고 나쁨을 판단하는 지표와 그 결과를 초래하는 요인이 되는 지표로 구별된다. 전자는 결과 지표, 후자는 수단 지표라고 불린다.

결과 지표는 경영의 시각에서 볼 때, 그 결과나 성과를 판단하기 위한 지표이다. 영업부문에서의 판매액, 영업담당자 한 사람당 생산성, 매장의 매출, 한 평당 매출액 등이다.

수단 지표는 결과를 초래하는 요인에 관한 지표로 업무별로 수준을 파악하는 것이 여기에 해당된다. 영업부문에서의 한 사람당 담당건수, 방문건수, 전화 상담부서의 가동률, 한 회선당 응답 시간 등이 그것이다. 지표는 개별로 설정하는 것이 아니라 결과와 수단의 관계로 체계화할 필요가 있다.

다음 5가지 관점별 지표 설정의 참고 사례를 살펴보자.

지표의 체계화

결과 지표

결과의 좋고 나쁨을 판단하는 항목

수단 지표

결과를 초래하는 요인 항목

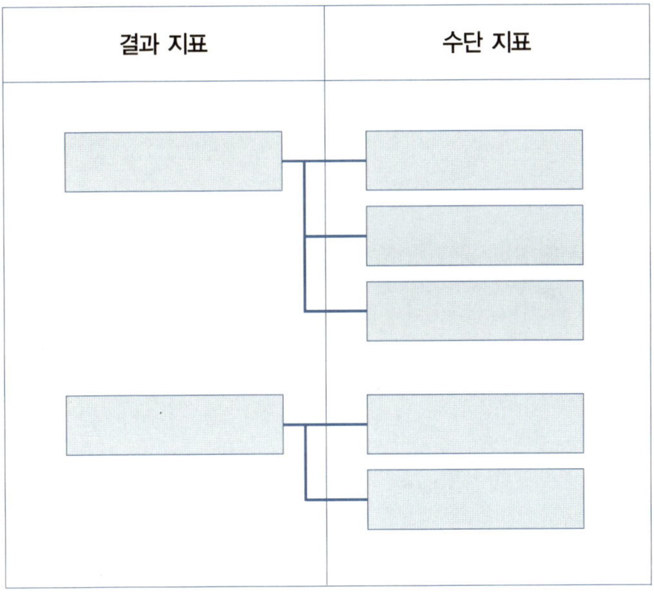

결과 지표

수단 지표

결과와 수단의 관계를 체계화한다

고객 만족 지표

고객 만족은 고객의 기대에 부응하거나 기대 이상의 품질을 제공함으로써 생겨난다. 고객 만족도 향상을 결과 지표로 했을 경우 '고객 기대에 어떻게 대응하는가' 하는 서비스 품질 기준이 그대로 수단 지표가 되는 것이다.

기획 단계에서는 기대 레벨을 분류해서, 기대 레벨에 대응한 품질 레벨을 설정하였다. 고객 만족의 결과 지표는 고객에게 듣고 판단하고, 그 원인이 되는 요소라고 여겨지는 것을 수단 지표로 정리한다.

예를 들면 자신의 문제를 어떻게 해결하는 것이 가장 현명한지를 가르쳐 달라는 고객의 기대가 있을 때, 문제 해결을 위한 좋은 제안은 고객 만족도 향상으로 이어진다. 그러므로 제안에 대한 만족도가 각 부문의 결과 지표가 되는 것이다. 이러한 만족도는 고객의 평가를 통해 확인한다.

수단 지표는 지금까지 기획의 순서에서 언급한 내용을 반영한다. 고객에게서 영업부서에 빨리 제안해 달라는 기대가 있다고 했을 때, 의뢰부터 제안까지의 기간이 결과 지표인 제안 만족도로 이어진다고 할 수 있다. 그러므로 기간을 수단 지표로 설정한다. 수단 지표는 품질의 점검에도 사용되므로 자기평가가 가능한 형태로 설정한다.

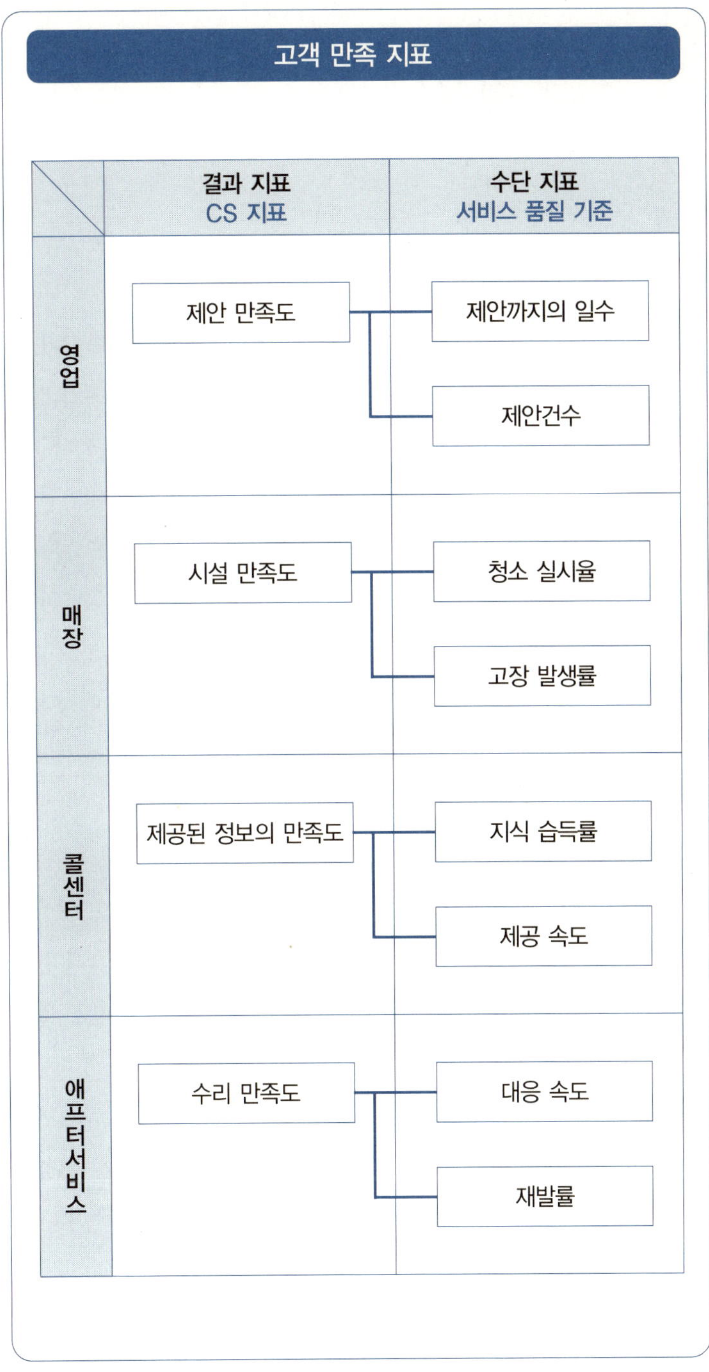

고객 만족 지표
결과 지표
CS 지표
수단 지표
서비스 품질 기준
영업
제안 만족도
제안까지의 일수
제안건수
매장
시설 만족도
청소 실시율
고장 발생률
콜센터
제공된 정보의 만족도
지식 습득률
제공 속도
애프터서비스
수리 만족도
대응 속도
재발률

업적 지표

　업적면의 지표는 자기 부서의 사명을 고려하여 설정한다. 사명이란 회사 내에서 자신의 부서가 어떤 위치이며 무엇을 담당하고 있는지, 존재 가치는 무엇인지를 나타낸 것이다. 영업부서라면 매상과 이익이라는 사명을 가지고 있으므로 그것이 결과 지표가 된다.

　그러나 그 외의 부서에서는 무엇을 결과 지표로 해야 하는지 확실치 않을 때도 있다. 그럴 때에는 신규 고객 획득과 기존 고객의 기대라는 관점에서 생각해 보면 자기 부서의 업적 지표가 보인다. 업적 향상을 위해서는 신규 고객을 늘리고 기존의 고객이 이탈하지 않도록 유지하는 것이 중요하다. 이러한 관점에서 보면 매장이나 시설은 재방문율, 콜센터는 고객 유지율, 애프터서비스는 재구매율이란 결과 지표가 설정되어, 이 지표가 개선되면 재무면의 향상으로 이어진다.

　수단 지표는 '업적 지표의 달성을 위해서는 고객 만족도 향상이 필요하다'라는 관점에서 고객 만족 지표를 설정한다. 단, 고객 만족 지표는 고객에게 평가받지 않으면 알 수 없기 때문에 서비스 품질 기준을 설정해서 점검하도록 한다.

　예를 들어 매장에서 재방문율 향상이라는 결과 지표를 위해서는 '고객의 의뢰에 빠르고 적절하게 대응한다'는 서비스 품질 기준이 고객 만족 향상으로 이어지므로 이것을 수단 지표로 한다.

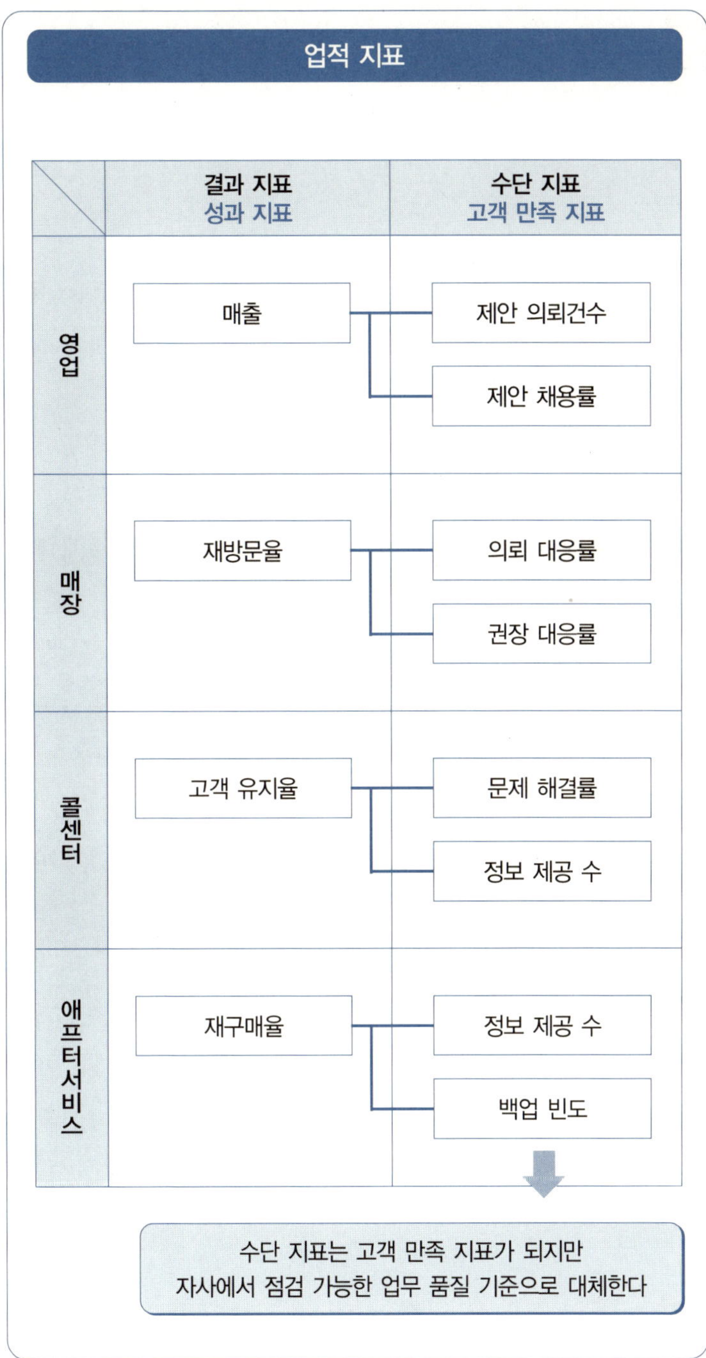

업적 지표

결과 지표
성과 지표

수단 지표
고객 만족 지표

영업

매출

제안 의뢰건수

제안 채용률

매장

재방문율

의뢰 대응률

권장 대응률

콜센터

고객 유지율

문제 해결률

정보 제공 수

애프터서비스

재구매율

정보 제공 수

백업 빈도

수단 지표는 고객 만족 지표가 되지만
자사에서 점검 가능한 업무 품질 기준으로 대체한다

효율 지표

기업은 목적 달성을 위하여 경영자본을 확보하고 투입한다. 효율 면의 지표를 생각할 때는 비용대비 효과의 관계로 생각하는 것이 기본이다.

예를 들어 영업부문 전체에서 연간 100명의 고객이 방문한다면, 이 경우 경비가 1억인 경우와 2억인 경우에 당연히 1억인 경우가 효율적이라고 할 수 있다. 지표는 비용대비 효과인 단위당 수치를 산출하여 측정한다.

지표 설정에 있어서는 비용뿐만 아니라 비용을 인원수나 시간 등으로 바꾸어 사용하는 경우도 있다. 그렇게 하는 것이 일상 업무 관리 면에서 수월하기 때문이다. 한 사람당 건수, 시간당 응답 수, 한 건당 처리 시간 등이 지표가 된다.

결과 지표로 부문 전체의 비용대비 효과를 파악할 수 있기 때문에 비용, 효과 각각에 대하여 부서 전체에서 어떤 수치를 사용할 것인지를 검토한다.

수단 지표는 결과 지표를 구성요소로 분해하는 방법으로 설정한다. 업무 기복이 심한 부분에는 최적의 인원을 배치하는 것이 효율성을 높이는 방법이다. 따라서 월별, 일별, 시간대별 업무 특성에 맞추어 적절히 인원 배치가 되어 있는지를 파악할 수 있는 지표를 설정한다.

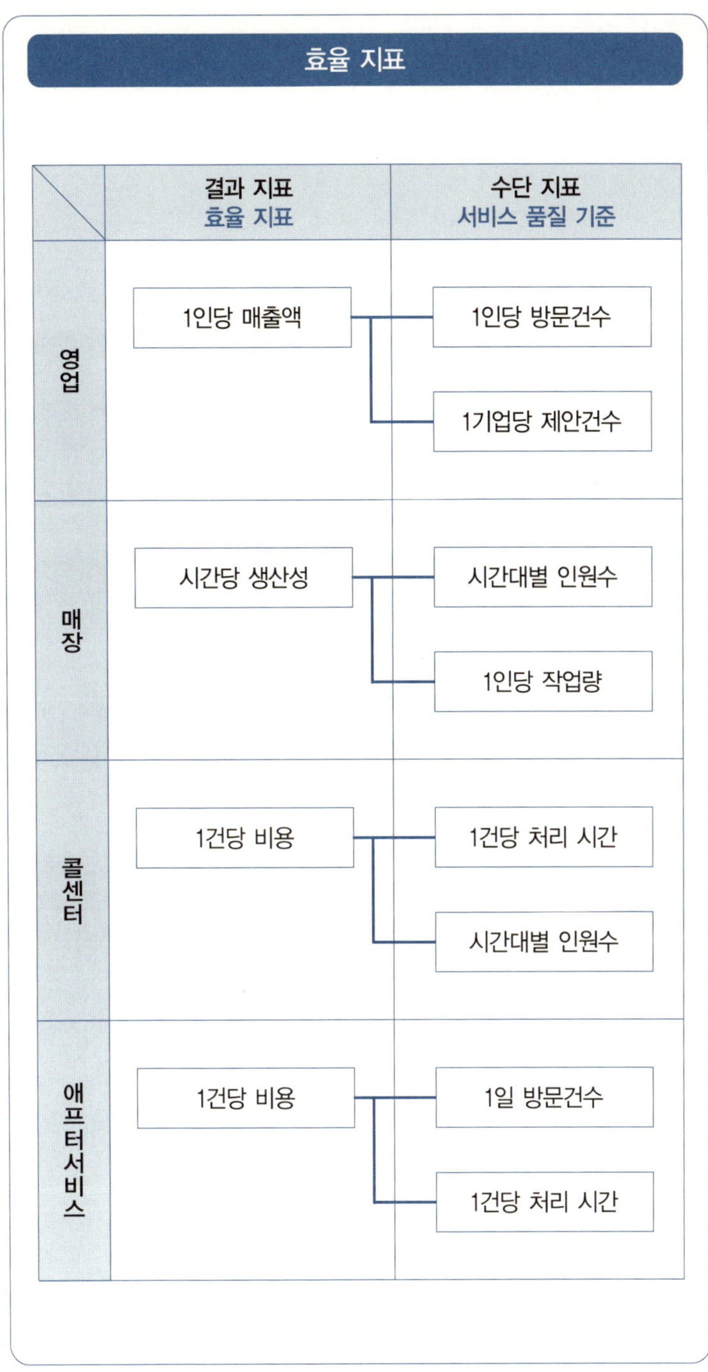

효율 지표

결과 지표
효율 지표

수단 지표
서비스 품질 기준

영업

1인당 매출액
1인당 방문건수
1기업당 제안건수

매장

시간당 생산성
시간대별 인원수
1인당 작업량

콜센터

1건당 비용
1건당 처리 시간
시간대별 인원수

애프터서비스

1건당 비용
1일 방문건수
1건당 처리 시간

리스크 지표

　회사의 존속을 위협하는 리스크가 문제시되고 있으므로 서비스 업무 수행에 있어서도 리스크 발생을 미연에 방지할 필요가 있다.

　리스크는 각 부문별로 밝혀내 평가할 필요가 있지만, 업무 그 자체가 리스크와 연관되어 있는지를 판단하기 위해서는 부문에 관계없이 공통적인 관점이 필요하다. 리스크 측면의 지표는 법무팀과 연계하여 설정하고 확인해 가면서 진행하는 것이 일반적이다.

　리스크 측면에서는 크게 3가지 관점을 결과 지표로 파악해야 한다.

　첫째는 법규의 준수율로, 법률과 규제를 엄수한 기업 활동의 실현이라는 관점이다. 둘째는 내부 규정의 준수율로, 법규제뿐만 아니라 기업이 고객에게 약속한 것을 제대로 지키고 있는가 하는 관점이다. 셋째는 업무 오류의 발생건수로, 불만이나 클레임으로 이어져 신용을 저버릴 수 있는 실수를 방지한다는 관점이다.

　수단 지표는 결과 지표의 달성을 위하여 리스크 발생의 방지, 리스크가 발생하기 어려운 기반 조성이란 시점에서 설정한다. 미연에 방지하기 위해서는 정기적으로 체크해야 한다.

　이때 '특수한 상황이어서 어쩔 수 없었다'거나 '인간이라면 실수할 수도 있다' 등으로 실수를 쉽게 인정해서는 안 된다. 또한 여기서는 업무 규칙이나 관리체제와 같은 구조적 정비도 필요하지만 법률이나 윤리 준수 같은 의식 기반을 정비하는 것도 중요하다.

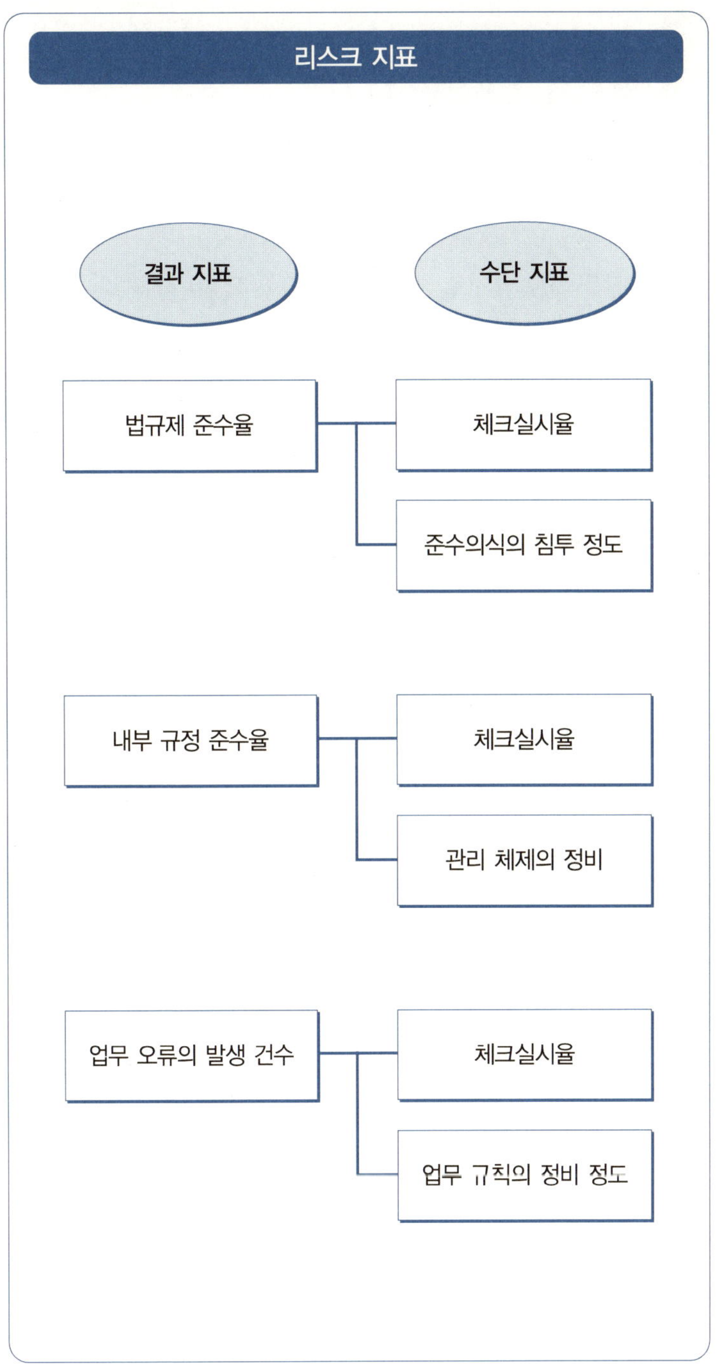

리스크 지표
결과 지표
수단 지표
법규제 준수율
체크실시율
준수의식의 침투 정도
내부 규정 준수율
체크실시율
관리 체제의 정비
업무 오류의 발생 건수
체크실시율
업무 규칙의 정비 정도

일의 보람 지표

같은 일을 해도 억지로 하는 것과 보람을 느끼며 하는 것은 똑같은 시간을 써도 성과의 차이가 나게 마련이다. 일의 보람이 고객 만족, 업적, 효율, 리스크 측면에서의 지표 결과에 영향을 미치기 때문이다.

일의 보람은 사람의 의식이므로 잘 보이지 않는다. 그러나 잘 보이지 않는 것을 파악하는 일이 업무의 품질 관리에 있어서는 매우 중요하다. 그러므로 인사부서와 협조하여 직원들이 일에 만족하고 있는지, 일에 대한 의식은 어떠한지를 설문 조사를 통해 파악한다.

일에 대한 보람이 무엇인지 물어보면 급여 수준, 업무 환경 등의 의견이 나오지만 무엇보다 기본이 되는 것은 일 자체에 대한 만족도이다.

일의 만족도에 대한 요소로는 다른 사람에의 공헌, 자아실현, 자신이 지향하는 것과 현재 하고 있는 일의 격차, 일 자체의 즐거움 등이 있다. 지표를 설정할 때에는 일의 보람을 저해시키는 요인을 줄이는 것이 중요하다.

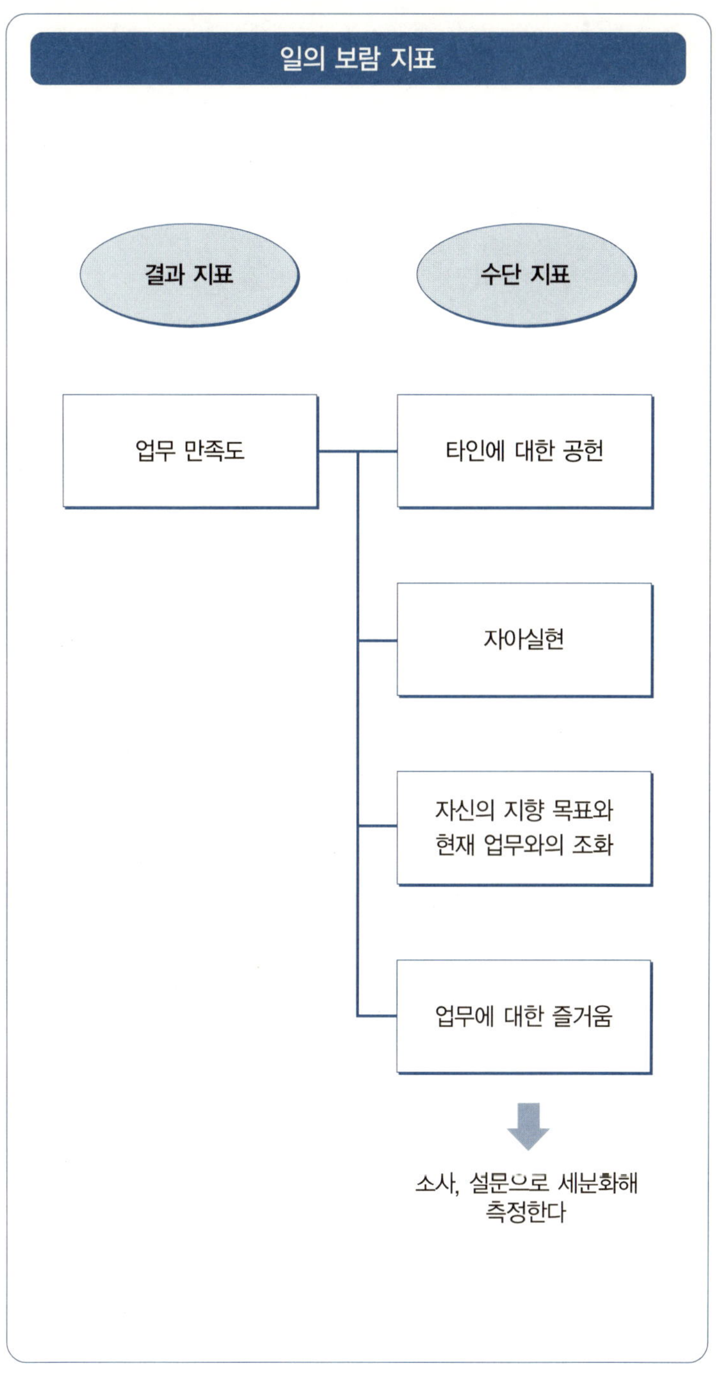

일의 보람 지표
결과 지표
수단 지표
업무 만족도
타인에 대한 공헌
자아실현
자신의 지향 목표와 현재 업무와의 조화
업무에 대한 즐거움
소사, 설문으로 세분화해 측정한다

서비스 수준을 업그레이드하려면

품질 기획을 한 후에는 서비스 수준을 업그레이드하기 위한 설계를 해야 한다. 설계의 순서는 다음과 같다.

● **현재 업무의 과제 도출** 업무 상황을 파악하여 목표가 달성되지 않은 원인을 밝힌다. 서비스 목표를 달성한다는 전제하에 효율·리스크·일의 보람과 연계하여 문제가 없는지 검토한다. 그런 다음 방법, 담당자의 능력이나 분담의 관점에서 분리, 정리하여 과제화한다.

● **업무별 개선과 설계** 품질 목표의 달성을 위하여 어떠한 업무로 개선해야 할 것인지 명확히 한다. 업무 방법의 개선, 타부서와의 협력, 능력 향상, 분담 등의 시점에서 개선안을 입안하고, 개선 후의 업무가 어떻게 전개될 것인지를 재검토 한다. 개선안이 명확하지 않을 때는 테스트를 통해 개선안의 검정을 거친 후에 확정한다.

● **서비스 업무의 가시화** 설계된 업무는 실행할 수 있도록 가시화할 필요가 있다. 가시화에 있어서는 어떠한 업무라도 원칙화를 기준으로 표준화, 유형화, 개별화함으로써 순조롭게 실행할 수 있도록 한다.

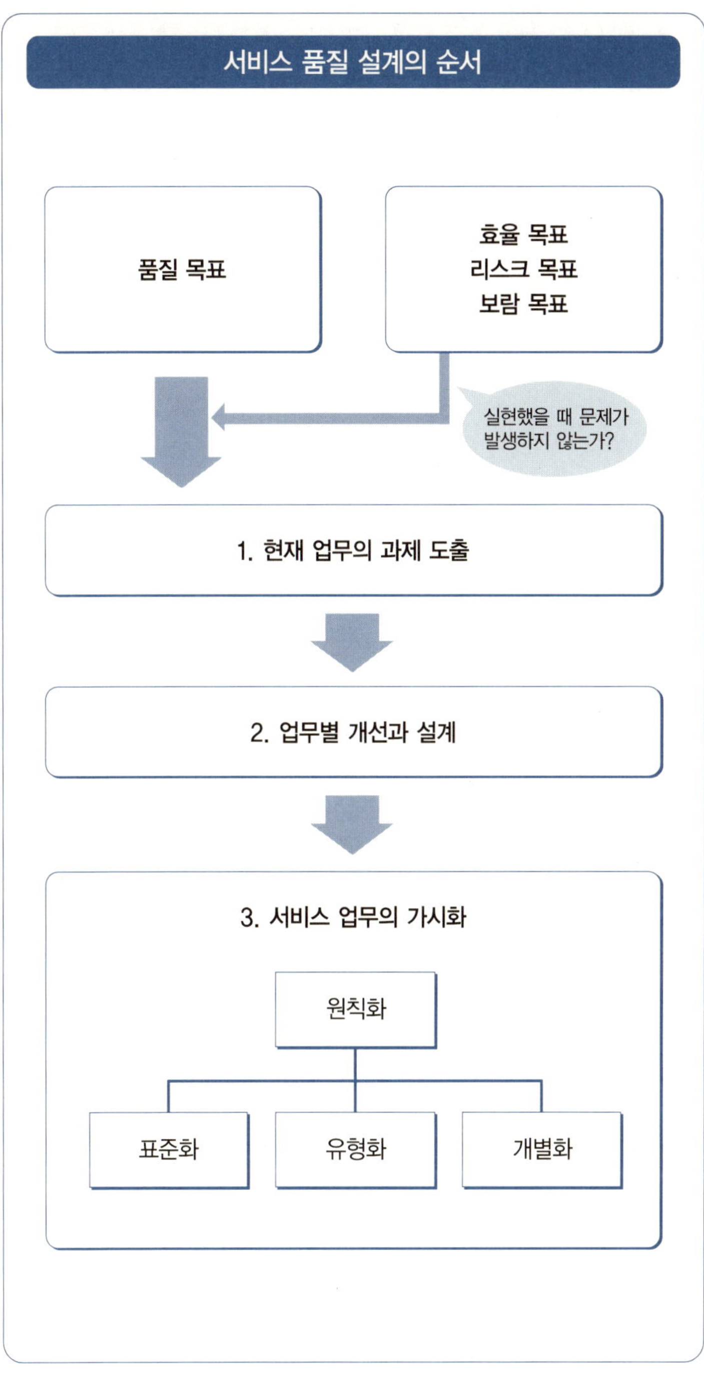

서비스 품질 설계의 순서
품질 목표
효율 목표
리스크 목표
보람 목표
실현했을 때 문제가 발생하지 않는가?
1. 현재 업무의 과제 도출
2. 업무별 개선과 설계
3. 서비스 업무의 가시화
원칙화
표준화
유형화
개별화

더 나은 서비스를 위하여

더 나은 서비스 품질 설계를 위해서는 목표가 달성되지 않은 원인을 명확히 하여 문제점을 다음의 시점에서 검토해야 한다.

- **방법에는 문제가 없는가** 현재의 업무가 품질을 유지하지 못하는 방법이나 순서로 되어 있지는 않은가? 담당자에 따라서 방법이 다르지는 않은가? 사용하고 있는 시스템과 장부, 전표는 타당한가? 등의 시점에서 분석한다. 또한 자부서 내의 영업뿐만 아니라 타부서와 연계하여 수행하고 있는 업무에 대해서도 프로세스를 명확히 하여, 어디에 문제가 있는지를 검토한다.

- **인적 문제는 없는가** 업무를 담당하고 있는 사람의 능력(기술, 지식, 의욕)은 적절한가? 일의 분담과 배치된 직원의 수는 적당한가? 등의 시점에서 분석한다.

- **관리에 문제는 없는가** 업무를 정확히 수행하여 성과를 올리기 위해서는 적절한 관리가 중요하다. 관리의 미숙함이 원인은 아닌지 파악해야 한다.

다음으로 서비스 품질 이외의 효율·리스크·일의 보람의 목표에 대해서도 똑같이 미달성 원인을 분석하고 문제점을 파악한다. 이렇게 분석한 문제점을 목표 달성의 시점과 목표 미달성 원인의 시점에서 재검토하고, 해결해야 할 과제로 정리한다.

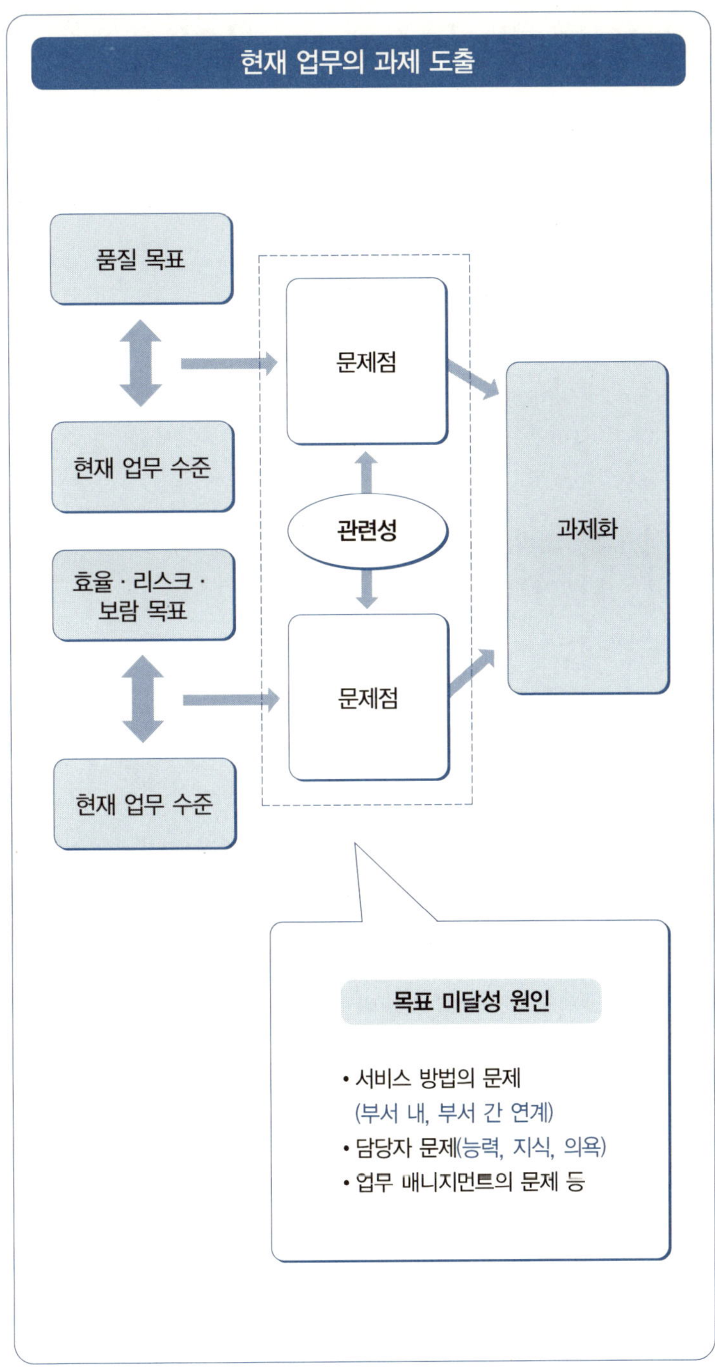

현재 업무의 과제 도출
품질 목표
현재 업무 수준
효율 · 리스크 · 보람 목표
현재 업무 수준
문제점
관련성
문제점
과제화
목표 미달성 원인
• 서비스 방법의 문제
(부서 내, 부서 간 연계)
• 담당자 문제(능력, 지식, 의욕)
• 업무 매니지먼트의 문제 등

서비스 개선안을 마련한다

1. 과제별 개선안을 마련한다
2. 서비스 목적을 재정의하여 개선한다
3. 필요에 따라 개선안을 확인·검증한다

더 나은 서비스를 위해 해결해야 할 과제가 명확해지면 다음의 구체적인 개선안을 마련한다.

- **서비스 방법의 개선안** 부서 내뿐만 아니라, 회사 업무 전반의 프로세스를 마련한다.

- **담당자의 능력 향상** 업무를 담당하기 위해서는 어떠한 능력이 필요하며, 해당 지식을 어떻게 습득할 것인지를 정한다.

- **업무의 적절한 분담과 적정 인원의 배치안** 서비스를 업그레이드하기 위하여 능력을 최대한 발휘하려면 어떻게 분담해야 하는지, 양적인 측면을 포함해서 고객에게 대응하기 위해서는 어느 정도의 인원을 배치해야 하는지를 정한다.

- **서비스 관리의 개선안** 일정 수준 이상의 서비스 품질을 달성하기 위해서는 어떠한 관리 방법으로 개선해야 하는지를 정한다.

개선안을 설계하고 나면 현재의 서비스 목적을 품질 개선 시점에서 재정의하는 것이 중요하다. 서비스 업무는 모든 부문에 표준화된 방법을 적용한다고 해서 순조롭게 진행되는 것이 아니기 때문에 목적의 재정의가 중요하다. 또한 개선안이 미흡할 수도 있으므로 설계 전에 반드시 확인해야 한다.

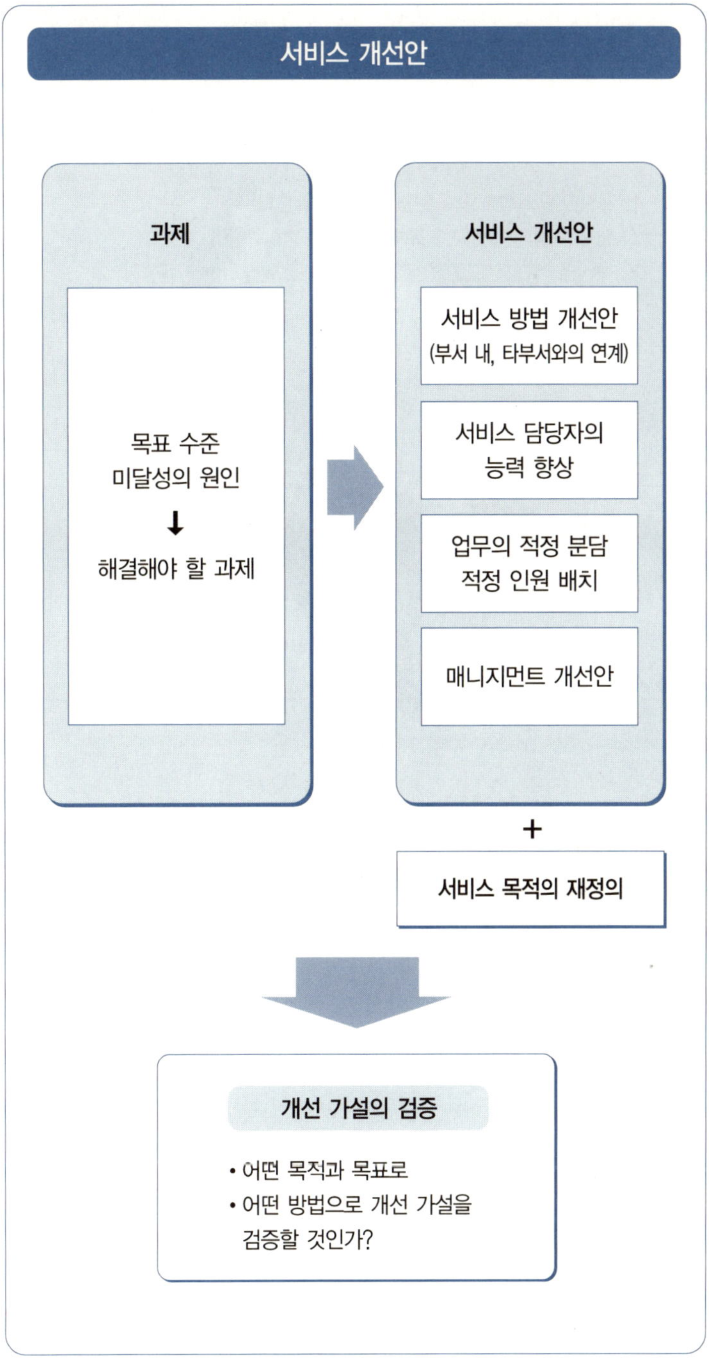

서비스 개선안

과제

서비스 개선안

서비스 방법 개선안
(부서 내, 타부서와의 연계)

서비스 담당자의
능력 향상

업무의 적정 분담
적정 인원 배치

매니지먼트 개선안

목표 수준
미달성의 원인
↓
해결해야 할 과제

+

서비스 목적의 재정의

개선 가설의 검증

• 어떤 목적과 목표로
• 어떤 방법으로 개선 가설을
  검증할 것인가?

서비스 업무의 가시화

1. 개선안을 가시화하여 품질 설계를 완료한다
2. 업무 목적의 재정의 결과를 기준으로 원칙화한다
3. 특성에 따라서, 표준화·유형화·개별화로 분류하여 사용한다

설계한 업무는 담당자가 수행할 수 있어야 한다. 그렇기 때문에 더 나은 서비스를 위하여 새로운 업무를 가시화할 필요가 있다.

가시화를 위해서는 구체적인 매뉴얼을 만들어야 한다. 매뉴얼 작성에 있어서는 2장에서 언급한 것처럼 5가지 방법을 적용한다. 원칙화를 중심으로 표준화, 유형화, 개별화로 분류해서 사용하는 것이 포인트다.

원칙화란 서비스 목적의 재정의 결과를 기준으로 어떠한 품질을 고객에게 제공할 것인지, 제공할 때 지켜야 할 포인트는 무엇인지를 정리하는 것이다.

표준화, 유형화, 개별화에 대해서는 특성에 따라서 어떻게 가시화해야 하는지를 정한다. 예를 들어 서류 수속과 같은 전형적인 업무는 고객에게 쉬운 방법으로 표준화해야 한다. 또한 담당자의 능력 면에서도 필요한 능력과 지식을 표준화해야 한다.

한편 고객의 다양한 요구사항으로 인하여 늘어나는 업무에 대해서는 유형화를 먼저 실행한다. 그래도 어려운 것은 개별화한 후, 가시화하여 실행에 옮기도록 한다.

서비스 특성별 가시화 포인트의 사례

		원칙화	표준화	유형화	개별화
콜센터	수속 작업	●	●		
	단순 문의 대응	●	●		
	복잡한 문의 대응	●	● 지식	●	
매장 판매		●	● 지식		●
영업		●	● 지식	●	
애프터서비스		●	● 지식·기술 작업	●	

제3자의 의견을 참고하세요!

　요즘 기업체에서는 고객 만족도 조사를 할 때 조사뿐만 아니라 제3자에 의한 개별 인터뷰도 함께 하는 경우가 많다.

　예전에는 영업부서에서 고객을 파악하고 이해했지만 이제는 제3자에 의한 인터뷰를 통해 회사에 대한 의외의 목소리나 평소에 듣기 힘든 고객의 의견과 충고를 듣게 되는 경우가 많다.

　예를 들면 "담당자가 누구인지 확실히 정해져 있지 않아서 항상 하고 싶은 말을 못한다", "언제나 영업사원에게 이야기하고는 있지만 좀처럼 진심으로 들어주지 않는다", "담당자들은 항상 퉁명스럽다" 등이다.

　이러한 의견은 모두 귀중한 고객의 목소리다. 그 배경에는 영업담당자에게는 말하기 어렵다는 고객 측의 입장도 있을 것이다. 또한 영업담당자가 고객의 입장을 잘 알고 있다고 속단하여 고객의 의견을 정확히 듣지 않는 일도 있을 수 있다.

　이러한 상황에 빠지지 않기 위해서는 정기적으로 제3자가 고객의 의견을 듣는 것이 매우 중요하다. 그래서 요즘에는 영업부서 외의 담당자를 통한 인터뷰를 정식으로 도입하는 기업도 있다.

4장
서비스 업무의
품질 점검·평가

제대로 서비스하는 사람을 키워라

기획, 설계된 서비스 품질은 실제로 고객에게 제공됨으로써 비로소 그 가치가 실현된다. 서비스를 제공하는 데 있어서 우선적으로 담당자의 구조 변화를 이해해야 한다. 서비스 업무에 정직원이 아닌 계약직원이 급증했기 때문이다. 기획, 설계한 서비스를 안정적으로 제공하기 위해서는 이러한 인재구조를 이해한 뒤 관리해야 한다.

- **교육에 의한 능력 향상** 안정적인 품질을 제공하기 위해서는 먼저 직원의 능력을 향상시키는 것이 중요하다. 담당자가 정직원이 아닌 경우에는 근속연수가 정직원보다 짧기 때문에 업무면에서 빠른 성장을 기대하기는 어렵다. 그러므로 직원들을 빠른 시간 안에 전문적으로 교육시킬 필요가 있는데 이때에는 교육과 동기부여의 양 측면을 고려하여 교육해야 한다.
- **구조 구축에 의한 정착화** 기획, 설계된 업무를 정착화하기 위해서는 현장에서 경험을 쌓아 제대로 된 구조를 구축해야 한다.
- **노하우 축적** 정해진 일만 하는 것이 아니라 다양한 고객을 응대하면서 보다 좋은 방법과 노하우를 축적해 나간다. 이때 서비스의 품질을 개선하려는 의지를 가진 인재를 육성해야 한다.

제대로 된 서비스 교육의 순서

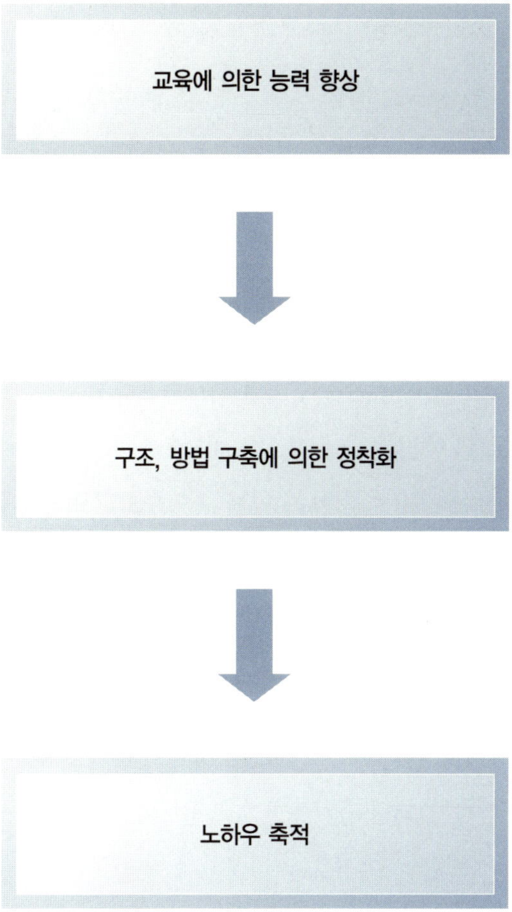

교육에 의한 능력 향상

↓

구조, 방법 구축에 의한 정착화

↓

노하우 축적

서비스 교육을 철저히 하라

1. 필요한 지식, 능력, 마인드를 명확히 한다
2. 인재 육성구조를 구상하여 계획을 마련하고 실시한다
3. 담당자 전체의 능력을 파악하고 계획적으로 육성한다

사람에게 의존하는 일이 많은 서비스 업무에 있어서 기획, 설계된 서비스를 제대로 수행하려면 인재의 능력 향상이 중요하다. 아무리 좋은 기획과 설계로 서비스를 한다고 해도 "나머지는 담당자에게 맡겨라"는 식으로는 안정적인 서비스를 하기 어렵기 때문이다.

인재를 육성하기 위해서는 먼저 업무에 필요한 지식과 능력, 마인드를 분명히 할 필요가 있다. 설계 단계에서 명확해진 능력 향상 개선안을 포함하여 정리한다. 이때 능력요소별로 레벨을 분리한다. 그런 다음 이러한 능력을 어떠한 조직구조로 육성해 나갈 것인지 명확히 한다. 조직구조의 요소에는 능력 판정, 목표 설정, 육성 시나리오 작성, OJT 등을 포함한 교육메뉴와 방법이 있다. 이러한 요소를 연결시켜 계획적으로 육성해 나가는 조직구조를 구축한다.

기업들은 지금까지 쌓아온 나름의 육성 방법으로 서비스 교육을 실시하고 있다. 그러나 임기응변식 교육에 급급하다든지 또는 신입사원 교육에 시간을 다 빼앗겨 전체의 능력 향상은 이루지 못하는 문제가 발생하고 있다.

안정적으로 높은 품질을 제공하기 위해서는 업무 담당자 전체의 능력을 파악하고 계획적으로 육성하는 것이 중요하다. 또한 교육에는 업무의 목적과 원칙을 확실히 하는 것이 중요하다.

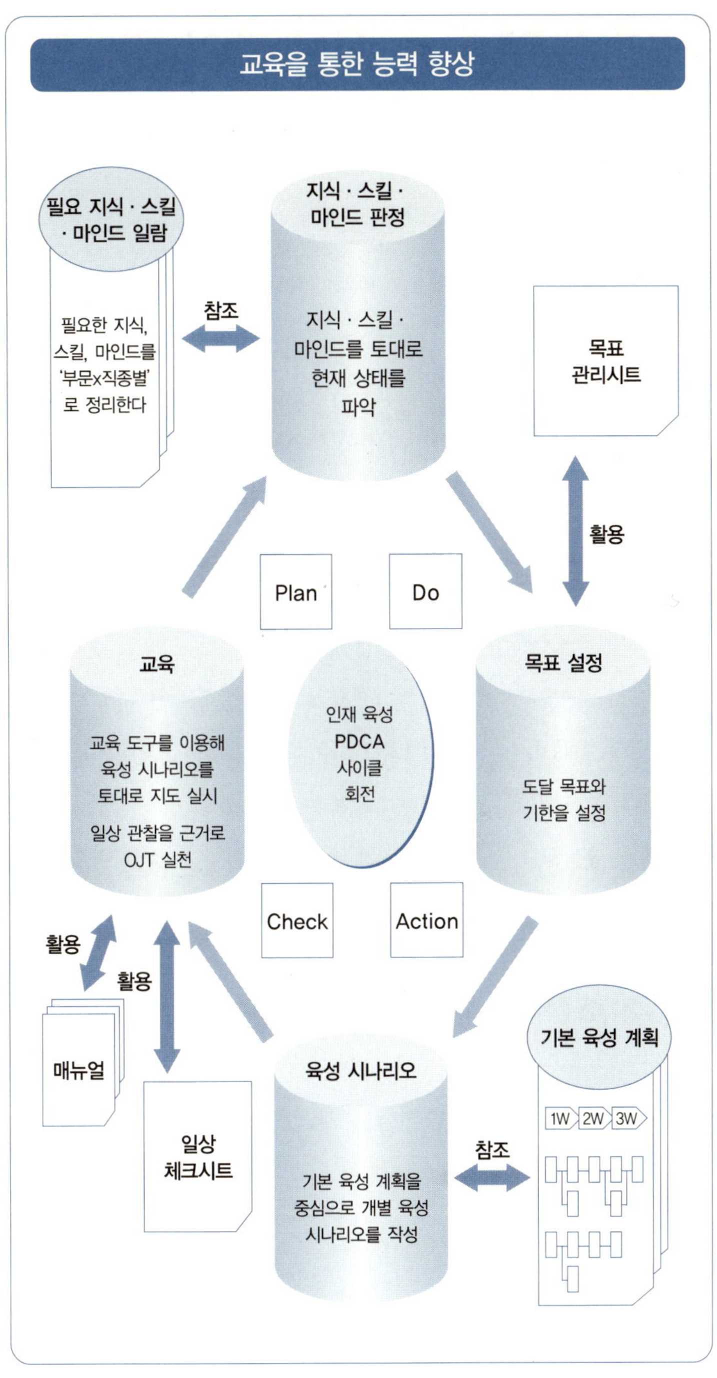

교육을 통한 능력 향상
필요 지식 · 스킬 · 마인드 일람
필요한 지식, 스킬, 마인드를 '부문x직종별'로 정리한다
참조
지식 · 스킬 · 마인드 판정
지식 · 스킬 · 마인드를 토대로 현재 상태를 파악
목표 관리시트
활용
Plan
Do
교육
교육 도구를 이용해 육성 시나리오를 토대로 지도 실시
일상 관찰을 근거로 OJT 실천
인재 육성 PDCA 사이클 회전
목표 설정
도달 목표와 기한을 설정
Check
Action
활용
활용
매뉴얼
일상 체크시트
육성 시나리오
기본 육성 계획을 중심으로 개별 육성 시나리오를 작성
기본 육성 계획
참조
1W
2W
3W

서비스 구조를 체계화하라

1. 현장 감각을 중시하면서 정착화를 도모한다
2. 정착화를 뒷받침하기 위한 분위기를 조성한다
3. 대표적인 도구는 FAQ와 고객 대응 매뉴얼이다

기획, 설계된 업무를 통하여 품질 목표를 실현하기 위해서는 새로운 업무를 정착시킬 필요가 있다. 정착에는 앞서 언급한 교육도 중요하지만 조직구조 및 방법의 구축도 필요하다.

정착화라는 것은 기획, 설계된 것을 지키는 것만이 아니다. 오히려 현장 감각을 중시하여 기획, 설계의 취지를 따르고 현장에서 능숙하게 실천하는 것이다. 이를 위해서는 담당자에게 모두 맡기는 것이 아니라 서비스를 하고 나서 어떠했는지, 어느 정도 익숙해졌는지를 확인하여 매뉴얼로 정리해 놓는 것이 좋다.

이러한 조직구조를 만들기 위해서는 분위기를 조성할 필요가 있다. 정기적으로 회의를 실시하고, 실천사항을 점검하며, 효율적인 실천을 위해서는 어떻게 해야 하는지 검토해 나가야 한다. 고객의 기대를 만족시키기 위해서는 고객의 목소리를 경청하는 것도 중요하다.

도구로는 FAQ 응답 자료와 고객 대응 매뉴얼이 대표적이다. 이것을 품질 관리담당자 혼자서 만들게 되면 고객의 실태와 잘 맞지 않을 수 있으므로, 틀은 품질 관리담당자가 만들고, 내용은 현장담당자와 함께 작성하여 서비스 품질을 높여나가는 것이 좋다.

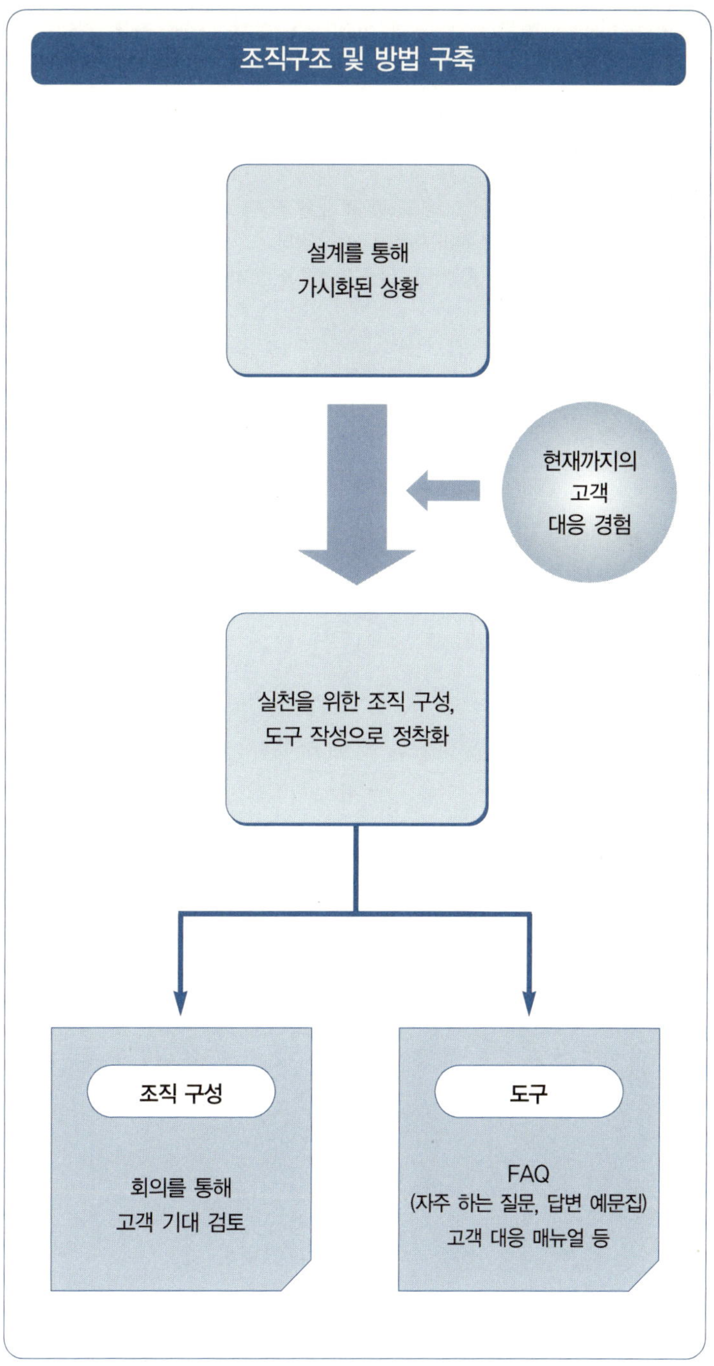

조직구조 및 방법 구축
설계를 통해 가시화된 상황
현재까지의 고객 대응 경험
실천을 위한 조직 구성, 도구 작성으로 정착화
조직 구성
도구
회의를 통해 고객 기대 검토
FAQ
(자주 하는 질문, 답변 예문집)
고객 대응 매뉴얼 등

경험을 통해 노하우를 축적하라

포인트
1. 노하우는 현장의 창의적 노력으로 만들어진다
2. 노하우를 함께 공유하는 분위기를 만든다
3. 제3자의 협력을 통해 노하우를 도출하여 정리한다

기획, 설계된 서비스를 현장에서 실천하다 보면 더 좋은 방법들이 떠오른다. 고객의 기대는 다양하며 고객의 경험이 늘어남에 따라 기대 자체가 변하기 때문에 대응에 있어서 창의적인 노력이 요구된다. 노하우는 생각만으로 만들어지는 것이 아니라 현장에서의 체험을 통해 만들어지기 때문이다.

그러나 담당자가 노하우를 공개하지 않고 자신만의 비법으로 숨기는 경우가 많은데, 노하우를 서로 공유하는 분위기를 만드는 것이 중요하다. 정기적으로 회의를 하면서 노하우를 계획적으로 관리하여 지속적으로 실천해 나가는 것이 중요하다.

이러한 노하우 도출에는 제3자의 조력도 중요하다. 현장담당자에게는 일상적인 업무로 여겨져 본인은 전혀 눈치 채지 못하는 노하우도 많기 때문이다. 이러한 경우 타부서 직원과 외부 컨설턴트에게 의뢰하여, 이들을 관찰하고 인터뷰함으로써 현장의 지혜가 노하우로 정리될 수 있도록 한다.

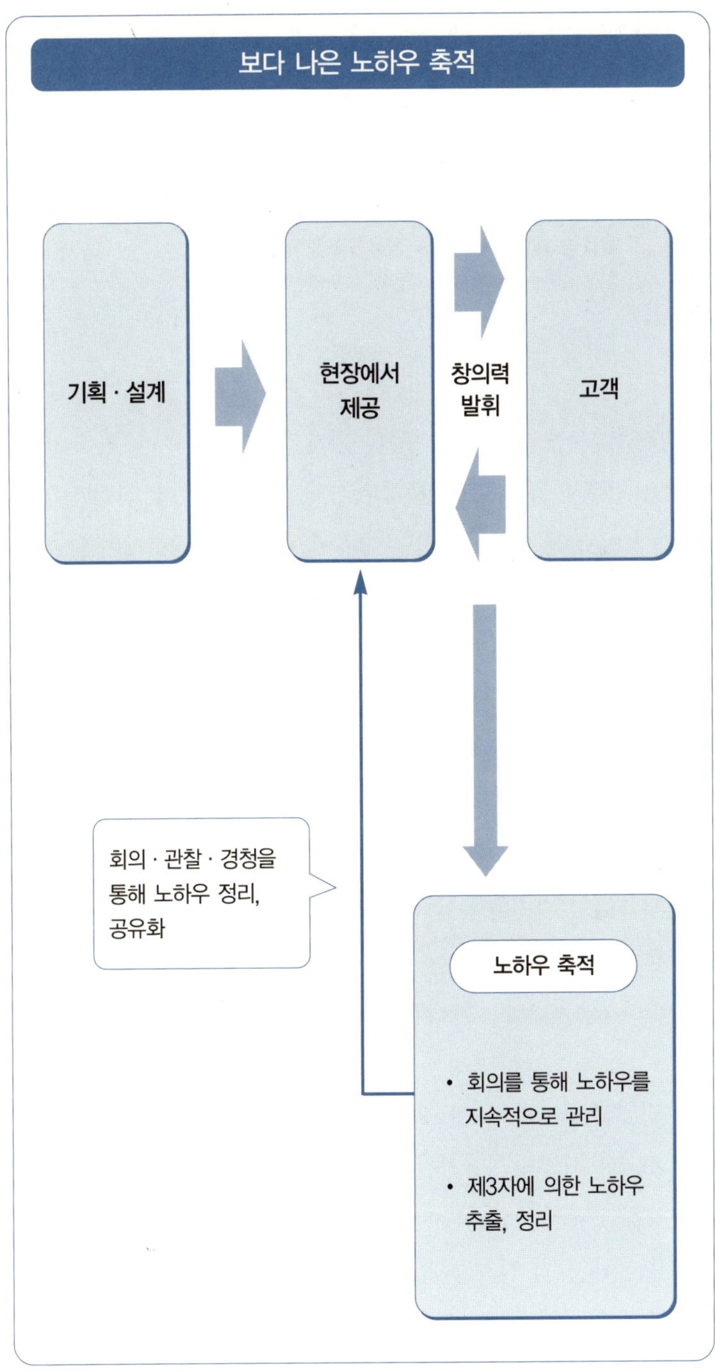
보다 나은 노하우 축적
기획 · 설계
현장에서 제공
창의력 발휘
고객
회의 · 관찰 · 경청을 통해 노하우 정리, 공유화
노하우 축적
• 회의를 통해 노하우를 지속적으로 관리
• 제3자에 의한 노하우 추출, 정리

서비스도 점검하라

포인트
1. 서비스 업무의 품질 기준을 근거로 점검 항목을 설정한다
2. 점검 방법을 마련한 후에 점검 구조를 만든다
3. 점검 결과는 기획·설계·제공에 피드백한다

제조업에서는 이전부터 다양한 품질 검사가 이루어져 왔다. 이제 서비스 업무도 품질 기준이 제대로 달성되고 있는지 점검해야 한다. 점검의 목적은 현장의 품질 수준을 파악하여 개선해야 할 점을 명확히 하는 것이며 기획·설계·제공 프로세스에 피드백하는 것이다. 이러한 사이클을 반복하지 않으면 품질 관리 프로세스는 제대로 기능하지 않는다. 점검은 다음의 순서로 진행한다.

- **점검 항목의 설정** 서비스 품질 기준이 달성되었는지 확인하기 위해 어떠한 항목으로 점검할 것인지를 정한다. 기본적으로 품질 기준이 점검 항목이 되지만, 품질 항목의 특성 분류와 점검 때의 판단 기준을 통합하는 것이 중요하다.

- **점검 방법** 모니터링Monitoring, 체험 조사Inspection, 미스터리 쇼퍼(Mystery Shopper, 조사원이 일반 고객인 것처럼 가장해서 대상 매장의 서비스, 상품, 청소 상태 등을 고객의 입장에서 면밀하게 조사하는 것) 등

- **점검의 구조화** 누가, 언제, 무엇을, 어떻게 점검하는지, 점검 결과를 어떻게 사용하는지를 구조적으로 확립한다.

- **점검 결과의 피드백과 활용** 점검으로 끝나는 것이 아니라 개선을 위해 점검 결과를 피드백한다. 품질 관리 프로세스의 어느 단계에, 어떻게 활용할 것인지를 명확히 하여 개선한다.

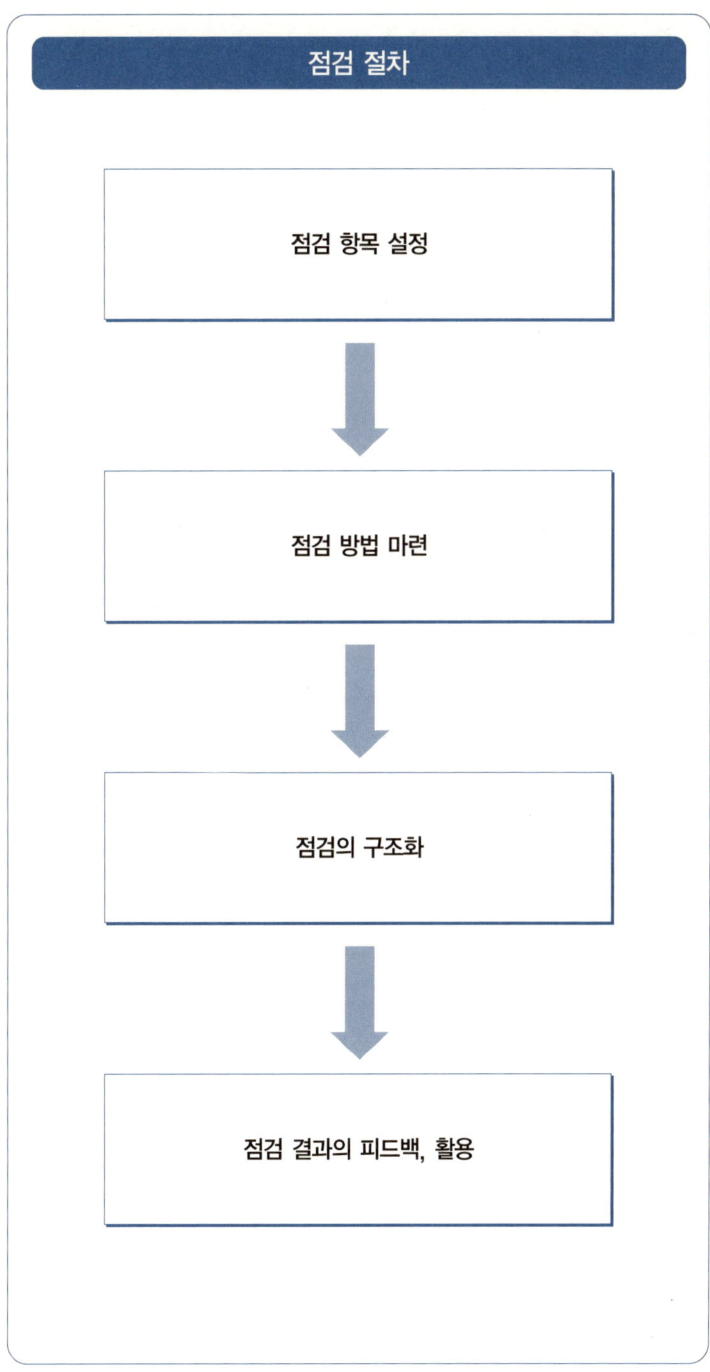

점검 절차
점검 항목 설정
점검 방법 마련
점검의 구조화
점검 결과의 피드백, 활용

점검 항목을 설정하라

서비스 품질 점검을 위해서 먼저 점검할 항목을 정한다. 품질 기준에 근거한 점검 항목을 설정하는 것이 기본이지만 자사 내에서 점검하는 지표와 자사 내에서 측정할 수 없는 지표가 있다. 이 책에서는 자사 내의 체크를 '점검'으로 고객에게서의 체크를 '평가'로 나누어 설명한다.

점검 항목은 업무의 특성과 연관되어 있어야 한다. 예를 들어 '고객이 방문하면 즉시 인사를 한다'와 같은 항목은 주의해야 한다. 이러한 항목을 점검 항목으로 설정하면 인사의 방법까지 구체적으로 정해야 하기 때문이다. '11시 이전에는 〈좋은 아침입니다〉, 11시 이후에는 〈안녕하세요〉라고 한다'와 같이 정해 놓지 않으면 점검할 수 없는 것이다.

그러나 이렇게 과하게 세분화하면 품질 관리와 점검의 목적을 잃어버릴 수 있다. 예를 들면 '11시를 기점으로 인사를 바꾼다'라는 부분이 목적이 되어버리는 것이다. 인사의 목적은 '방문한 고객을 반갑게 맞이한다'이며, 그렇게 하기 위해 인사가 이루어지고 있는지 점검하는 것이 본래의 목적이다. 점검 항목을 통해서 서비스 품질을 보는 '눈'을 가지는 것이 중요하다.

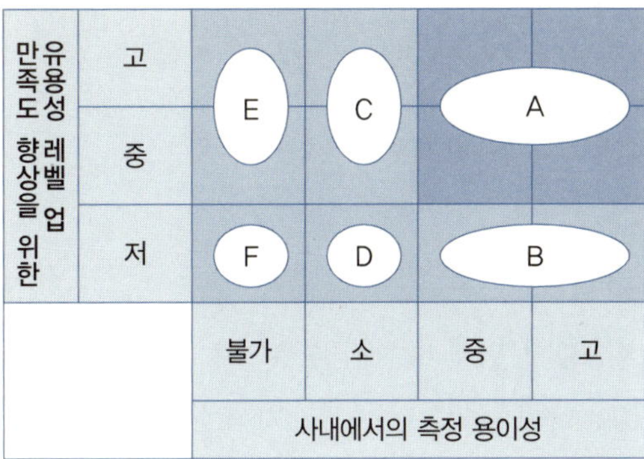

	지표의 정의	측정 방침
A	만족도 향상에 대한 유용성이 높고 사내에서의 측정이 용이하다	사내 측정 실시 고객 만족도 조사 등으로 보충한다
B	만족도 향상에 대한 유용성이 낮고 사내에서의 측정이 용이하다	사내 측정 실시 단, 너무 자주 측정하지 않는다
⋮	⋮	⋮
E	만족도 향상에 대한 유용성은 높으나 사내에서의 측정이 불가능	고객 만족도 조사를 통해 측정한다

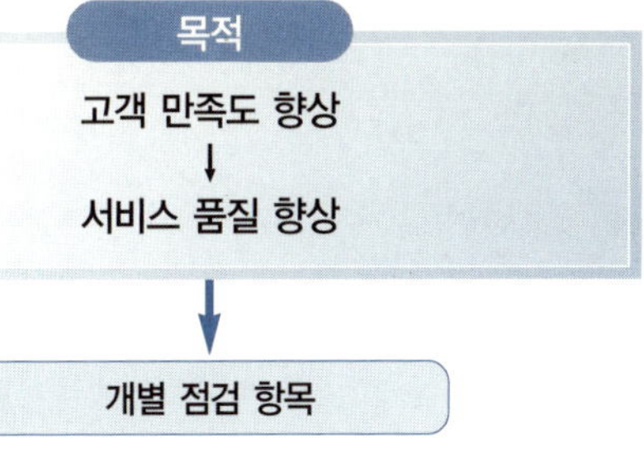

점검 항목은 품질을 중시하는 '눈'

현장의 실태

서비스를 점검하려면

점검을 실행하기 위해서는 점검 방법을 확립할 필요가 있다. 타인에 의한 대표적인 점검 방법은 3가지이다.

- **모니터링** 모니터링은 서비스 업무의 현장에 동행하여 어떻게 업무를 실행하고 있는지를 파악하고 점검하는 것이다. 콜센터의 경우, 고객과의 대화를 현장에서 바로 듣는 방법과 녹음된 것으로 점검하는 방법을 병행한다.

- **체험 조사** 체험 조사는 실제로 고객의 입장이 되어 서비스를 체험하고 평가하는 방법이다. 콜센터에 전화를 해서 평가하거나 직접 매장을 방문해 고객 응대 태도를 조사하는 방법이 있다.

- **미스터리 쇼퍼** 체험 조사와 내용은 거의 같지만 점검이 있다는 것을 현장 담당자에게 알리지 않고 불시에 실시하는 점이 다르다. 점검 방법은 점검 항목과 업무 특성에 따라 다르지만 타인의 점검뿐만 아니라 체크시트에 의한 자기점검과 조합함으로써 개개인이 품질 향상의 목적을 재인식함과 동시에 주체적인 품질 향상에 전념할 수 있다. 점검의 주체는 현장담당자, 관리자, 품질 관리담당자 또는 외부의 제3자로 구성하여 이중에서 누가 무엇을 할 것인지를 정한다.

타인 점검		
점검 방법	실시 내용	실시 대상
모니터링	서비스 업무 현장에 동행하여 상황을 관찰, 평가	영업담당자와 애프터서비스담당자 동행 조사 콜센터담당자 동석 조사 등
체험 조사	평가자가 실제로 서비스 업무를 체험한 후 평가	콜센터에 대한 전화 조사 등
미스터리 쇼퍼	체험 조사와 동일하나 현장담당자에게 알리지 않은 상태에서 조사 실시	판매점 조사 등

자기점검
현장담당자, 관리자, 품질 관리담당자 또는 외부의 제3자로 구성하여 누가 무엇을 할 것인지를 결정한다

서비스 점검은 계획적으로

포인트
1. 업무의 PDCA 사이클에 점검의 중요성을 인식시킨다
2. 점검 사이클과 관계자의 역할을 체계화한다
3. 계획적, 지속적으로 점검한다

서비스 점검은 품질 향상을 위한 중요한 업무라는 인식이 필요하다. 점검이라고 하면 흔히 점검하는 측과 점검받는 측 모두 귀찮은 일이라고 생각한다. 이런 상황에서는 서비스 품질 향상을 기대할 수 없다. 점검은 품질 향상을 도모하는 중요한 업무로 당연히 실시되어야 하는 것이다.

따라서 점검 사이클과 관계자의 역할을 명확히 체계화할 필요가 있다. '시간적 여유가 있을 때 점검한다'는 규정으로 점검을 등한시하는 경우가 많은데, 콜센터의 경우라면 '한 사람당 일주일에 3건의 모니터링을 실시한다' 와 같이 수치를 정확히 정해서 실행할 필요가 있다. 점검을 계획적으로 실시함으로써 품질을 개선시켜 나가는 것이다.

단, 정기적으로 점검이 실시됨에 따라 점차 점검 자체가 목적이 되어버리는 경우도 있을 수 있다. 이렇게 되면 현장을 보지도 않고 근거 없이 속단하여 체크기준을 함부로 세분화하는 등, 의미 없는 점검을 하게된다.

서비스 점검은 지속적으로 실시하여 품질 향상의 중요한 기회로 삼아야 한다. 이러한 점검을 통한 품질 향상이 고객 만족 향상으로 이어져 성과 향상과 같은 상위목적으로 연결되기 때문이다.

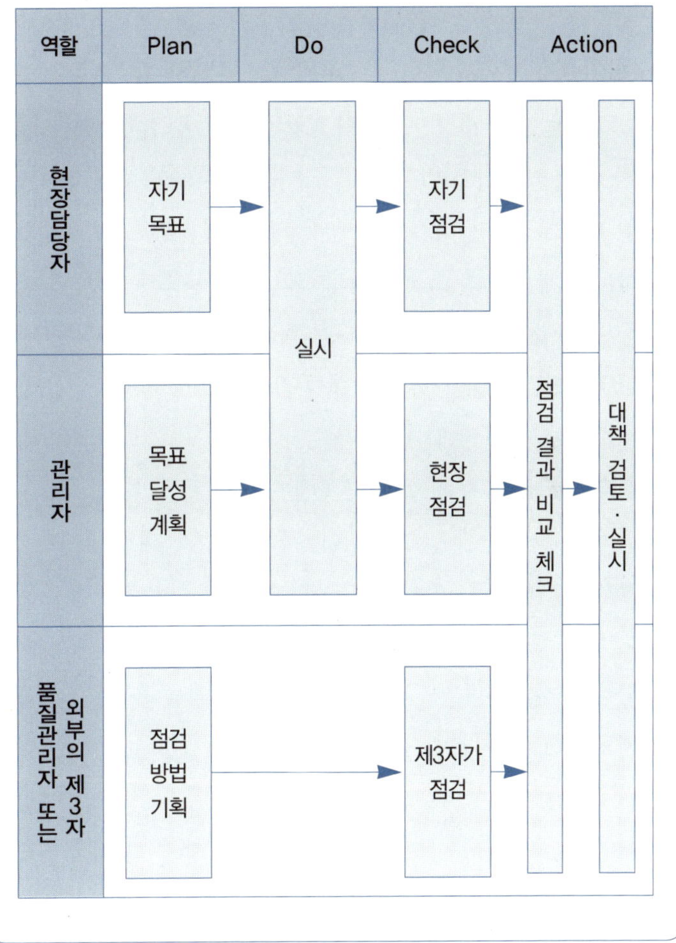

서비스 점검의 시스템화

점검은 중요한 업무 → 업무의 PDCA 사이클로 정의

• 목적 : 점검이 형식화되지 않도록 목적을 확인한다
• 계획 : 누가, 언제, 어떻게 실시할 것인지를 결정한다
• 계속 : 지속적으로 실시함으로써 품질 개선으로 연계시킨다

역할
Plan
Do
Check
Action

현장담당자
자기 목표
실시
자기 점검
점검 결과 비교 체크
대책 검토 · 실시

관리자
목표 달성 계획
현장 점검

품질관리자 또는 외부의 제3자
점검 방법 기획
제3자가 점검

피드백을 통해 서비스 품질을 개선하라

포인트
1. 서비스 방법의 개선에 도움이 되게 한다
2. 업무 설계 그 자체를 보다 좋은 내용으로 개선한다
3. 최종적으로는 품질의 기획 수준 향상에 활용한다

점검은 서비스 품질 개선 프로세스의 첫 단계이다. 이제까지의 품질 점검은 현장에서의 서비스 방법만이 문제시되는 경향이 있었다. 그 결과 현장의 개선만으로 해결할 수 없는 품질 향상이 이뤄지지되지 않아 악순환이 반복되었다. 이를 방지하기 위해서는 점검 결과를 피드백하여 서비스 개선에 활용해야 한다.

- **서비스 개선** 서비스 업무담당자의 능력 부족과 지원 부족, 도구 활용 부족으로 목표로 하는 품질이 달성되지 않았을 경우, 담당자별로 달성 상황과 미달성 원인을 검토하는 방법을 통해 서비스 방법 개선에 이용한다.

- **설계의 개선** 업무의 설계 단계에 미달성 원인이 있는 경우, 설계 내용을 개선할 필요가 있다. 예를 들면 정해진 방법으로는 고객의 기대에 못 미치는 경우로, 이런 경우 현장의 운용 변경이 아닌 품질 관리담당자에 의해 설계 내용 자체를 변경하는 편이 더 현명하다.

- **기획의 개선** 정해진 품질 기준과 목표로 행하고 있지만 고객 만족도 향상과 업무 향상에 효과가 없을 경우 기획 자체를 다시 살펴볼 필요가 있다. 또한 서비스 업무뿐만 아니라 상품 그 자체의 개선, 검토도 함께 이루어져야 한다.

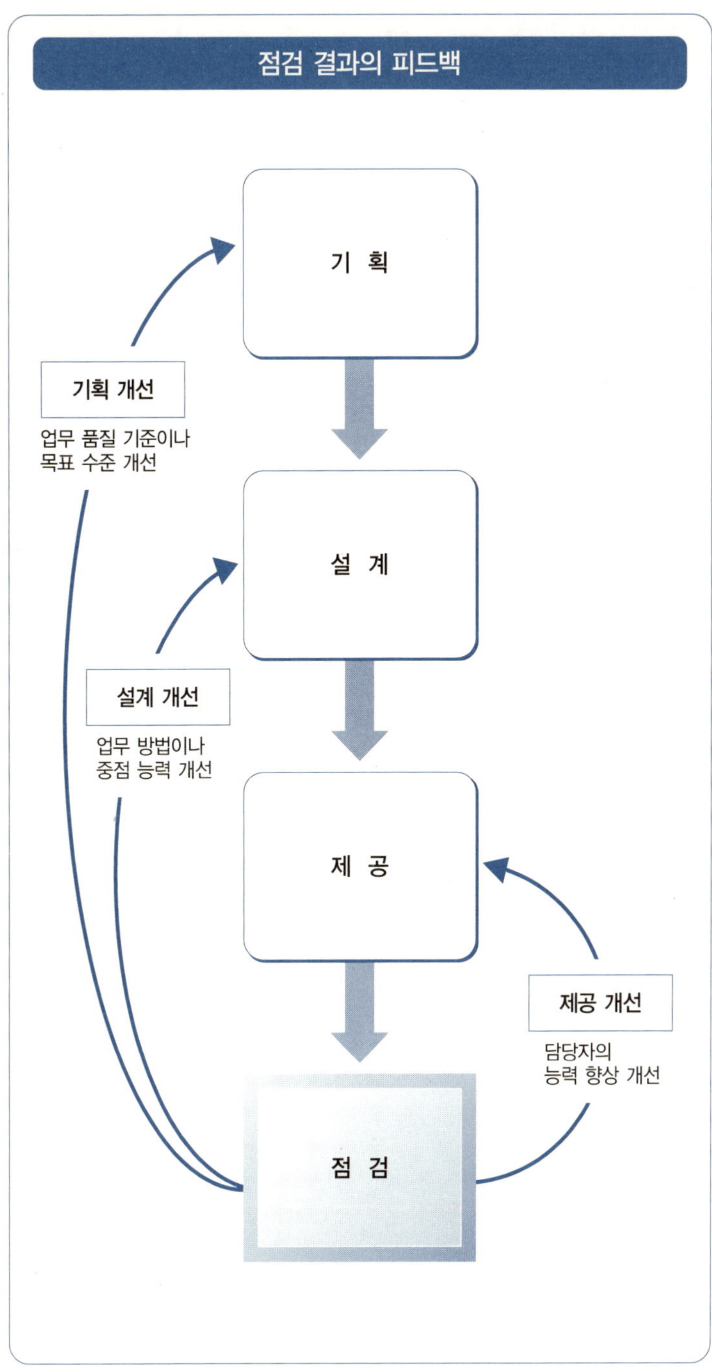

점검 결과의 피드백
기 획
설 계
제 공
점 검
기획 개선
업무 품질 기준이나
목표 수준 개선
설계 개선
업무 방법이나
중점 능력 개선
제공 개선
담당자의
능력 향상 개선

서비스 품질 평가의 순서

앞서 언급했지만 점검과 평가는 다르다. 점검은 사내에서 실시하는 것이고 평가는 고객에게 직접 받는 것이다. 평가는 품질 관리의 최종 목표이기도 하고 출발점이기도 하다. 순서는 점검과 기본적으로 같다.

- **평가 항목의 설정** 서비스 품질이 향상되었는지 평가하기 위해 어떤 항목으로 실행할지 정한다. 고객이 평가하고 싶은 것과 차이가 나지 않도록 체계적으로 조사항목을 정한다. 또한 고객 만족도 지표와 품질 지표의 관계를 정립하여 개선에 활용할 수 있는 평가 항목을 정한다.

- **평가 항목 마련** 평가 목적에서 결과 활용의 중점을 둘 부문(정량적 측정, 정성적 과제 발견)과 실시 빈도를 섞어서 고객의 목소리 카드, 만족도 조사, 인터뷰 등의 평가 방법을 마련한다.

- **평가의 체계화** 평가와 점검을 조합해서 어떠한 사이클로 실시, 활용해 나갈지 체계적으로 확립한다.

- **평가 결과의 피드백과 활용** 평가 결과를 확인하고 끝내는 것이 아니라, 점검 결과와 합쳐서 피드백하고 활용한다. 평가 결과에서 기획·설계·제공·점검의 각각의 과정을 어떻게 개선하는 것이 고객 만족도 향상에 이어지는지를 명확하게 한다.

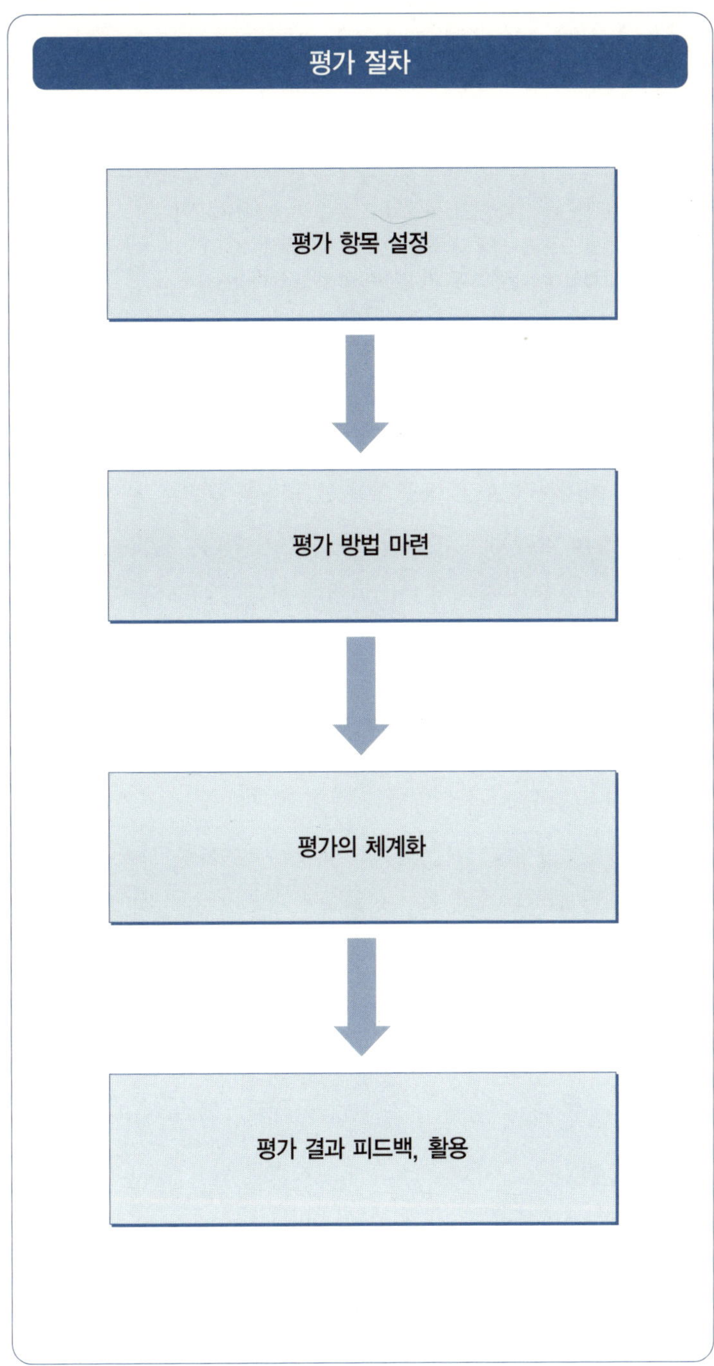

평가 절차
평가 항목 설정
평가 방법 마련
평가의 체계화
평가 결과 피드백, 활용

평가 항목을 정하라

평가의 목적은 서비스 업무가 만족스러운지를 파악하는 것이다. 만족도는 어떠한 요소로 구성되어 있는지, 부문별로 보았을 때 만족도는 어떠한지에 대해서도 살펴볼 필요가 있다.

또한 품질 목표를 설정하고 실행하는 서비스 업무에 있어서 고객의 평가를 알 수 있다면 품질 향상에 큰 도움이 된다.

이러한 평가 항목을 설정하기 위해서는 품질 기획 단계에서 썼던 '고객 기대 파악의 분석 시점'을 활용하는 것이 좋다. 기존에 입증된 고객 만족 요건과 실제의 고객 행동에 근거한 분석 결과를 통합하여 조사항목을 설정한다. 한편 기대의 구조화를 실행하고 있는 경우는 그 결과도 활용한다. 조사항목은 아래와 같이 체계화한다.

- **종합 만족도** 서비스 업무 전체에 대한 만족 정도.
- **요소별 만족도** 종합 만족도의 요소, 복수의 서비스 업무가 있는 경우는 부문별의 만족도를 파악할 필요가 있다.
- **고객 대응 평가** 고객 행동 프로세스와 관련된 서비스 업무별 평가. 서비스 업무를 제대로 행했는지를 평가함으로써 서비스 업무의 구체적인 개선으로 이어진다.

평가 항목 설정
고객 기대의 분석 시점
고객 행동 프로세스에서 주시
고객 만족 요건에서 주시
기대의 구조화
고객 조사 항목 체계
종합 만족도
요소별 만족도
고객 대응 평가
종합적으로 본 만족도
재이용 의향
권장 의향
정보 제공
문의 대응
가격
제품 품질
문제 대응
재이용 의향
설명의 정확성

서비스를 평가하려면

1. 평가 목적을 명확히 한다
2. 목적에 맞는 유효한 방법을 조합한다
3. 판매 이후 관리 시에도 실시한다

고객에게 평가받기 위해서는 평가의 중점이 무엇인지, 이후에 어떻게 활용할 것인지를 명확히 하여 최적의 방법을 찾아내야 한다.

- **고객 만족도 조사** 설문지와 인터넷을 이용해서 비교적 많은 항목을 조사하는 것이 가능하다. 인터넷 조사의 경우, 서비스를 이용할 때마다 회답사이트로 유도하여 회수율을 높일 수 있다. 그러나 지나치게 자세한 조사를 하게 되면 고객의 비협조로 회수율이 낮아질 수 있다.

- **고객의 목소리 카드** 매장에 카드를 두고 고객의 목소리를 수집하는 방법이다. 많은 항목을 조사하지는 못하나 이용 장소에서 기입하기 때문에 높은 회수율을 가진다.

- **일상적인 듣기** 고객과의 커뮤니케이션 중에서 나온 의견들을 의도적으로 질문하여 고객에게 평가를 듣는 방법이다. 소비자의 의견을 통해 가설 검증을 함으로써 유효성이 높아진다.

- **인터뷰** 개별 고객에게 차분히 이야기를 듣는 방법이다. 깊고 구체적인 평가를 들을 수 있어 과제 설정에 효과적이다. ISO의 감사 등에 관한 것이라면 외부의 평가를 받는 것도 가능하다.

평가는 서비스 제공 직후뿐만 아니라, 판매 이후에도 실시하여 변화를 파악해야 한다.

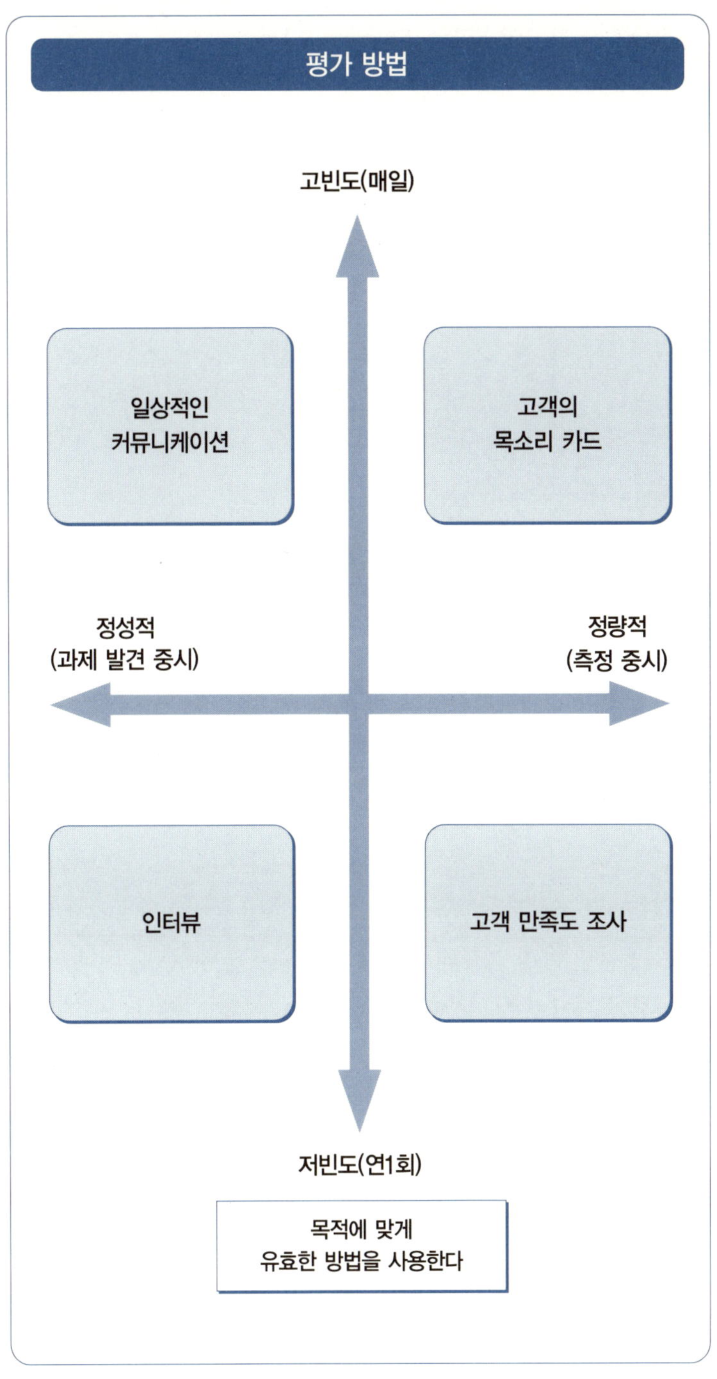

평가 방법
고빈도(매일)
일상적인
커뮤니케이션
고객의
목소리 카드
정성적
(과제 발견 중시)
정량적
(측정 중시)
인터뷰
고객 만족도 조사
저빈도(연1회)
목적에 맞게
유효한 방법을 사용한다

평가 체계를 구축한다

포인트

1. 평가 결과를 활용하는 체계를 구축한다
2. 서비스 부문과 품질 관리 단계 양쪽에서 활용한다
3. 점검과 결과를 연계시킨다

평가 결과는 현장과 품질 관리담당자 모두가 활용해야 한다. 평가 결과의 활용은 3가지 시점에서 고려한다.

첫째, 평가 결과와 서비스 향상과의 상관관계를 확인한다. 서비스 품질 향상→고객 만족도 향상→성과 향상의 각 항목이 서로 어떻게 연관되는지를 확인한다.

둘째, 평가 결과를 기준으로 PDCA 사이클을 돌린다. 평가 결과와 점검 결과를 합쳐서 고객 만족도 향상 과제를 설정한 후, 개선 활동을 진행한다. 점검 항목으로 성과를 확인하여 평가 결과 향상에 도움이 되도록 한다.

셋째는 평가를 기점으로 한 사이클 안에 품질 관리담당자가 중심이 되는 품질 관리 프로세스의 피드백을 포함시키는 것이다. 이러한 사이클을 언제, 누가, 어떻게 진행시키는지를 명확히 하여 평가를 체계화한다.

위의 사이클에서는 평가와 점검의 결과를 합쳐서 활용하는 것이 중요하다. 각각의 실시 사이클별로 평가와 점검의 위치를 이해하고 관계를 정립하여 실시한다.

■ 평가를 근거로 PDCA 사이클을 회전시키는 조직

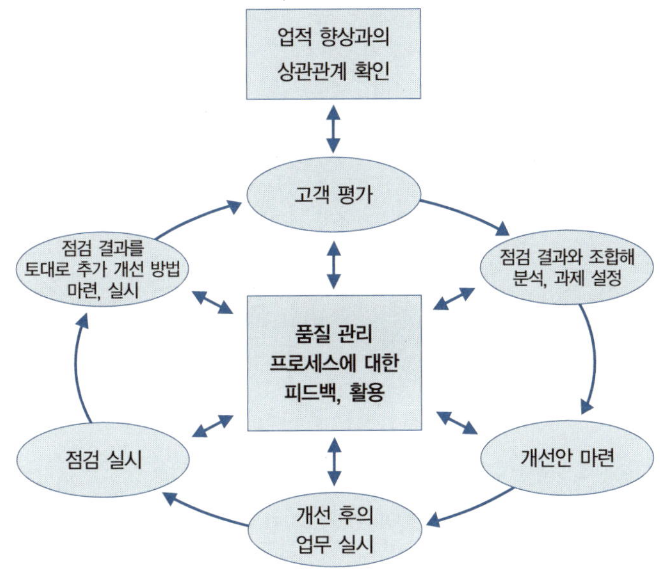

점검과 평가의 정의와 조합 검토 사례

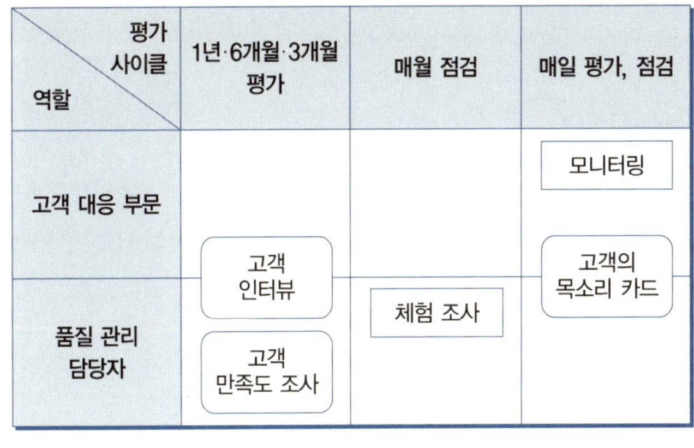

역할 \ 평가 사이클	1년·6개월·3개월 평가	매월 점검	매일 평가, 점검
고객 대응 부문			모니터링
품질 관리 담당자	고객 인터뷰 고객 만족도 조사	체험 조사	고객의 목소리 카드

피드백을 통해 고객 만족도를 향상시킨다

포인트

1. 제공·점검 항목의 포인트를 인식한다
2. 평가 결과를 기준으로 설계 구조를 개혁한다
3. 평가 결과는 특히 기획에 반영한다

평가한 결과는 점검 결과와 똑같이 품질 관리 프로세스의 기획 단계로 피드백하여 개선한다.

- **제공·점검의 개선** '포인트를 잡는 것'이 핵심이다. 어떠한 능력이 업무의 품질 향상에 도움이 되는지, 서비스 업무에서는 어떠한 능력이 필요한지 등을 인식하는데 활용한다.

  점검할 때는 고객 만족도 향상에 직결되는 품질 점검 항목의 포인트를 찾는다. 점검과 평가의 차이가 큰 점에 대해서는 그 원인을 검토함으로써 점검 항목을 고객 입장에 맞추어야 한다.

- **설계의 개선** 기존의 업무가 틀에 얽매이지 않고 '구조적인 개혁의 여지가 있는지'를 생각할 필요가 있다. 기업 내의 논리로는 좀처럼 개선할 수 없는 일들을 고객의 시점에서 실시하는 것이 중요하다.

- **기획의 개선** 평가는 품질 기획이 올바른 방향으로 진행되고 있는지를 판단하기 위해서 활용해야 한다. 기획했던 방향이 잘못됐다면 설계 이후에 아무리 노력해도 그 효과는 한정적일 수밖에 없다.

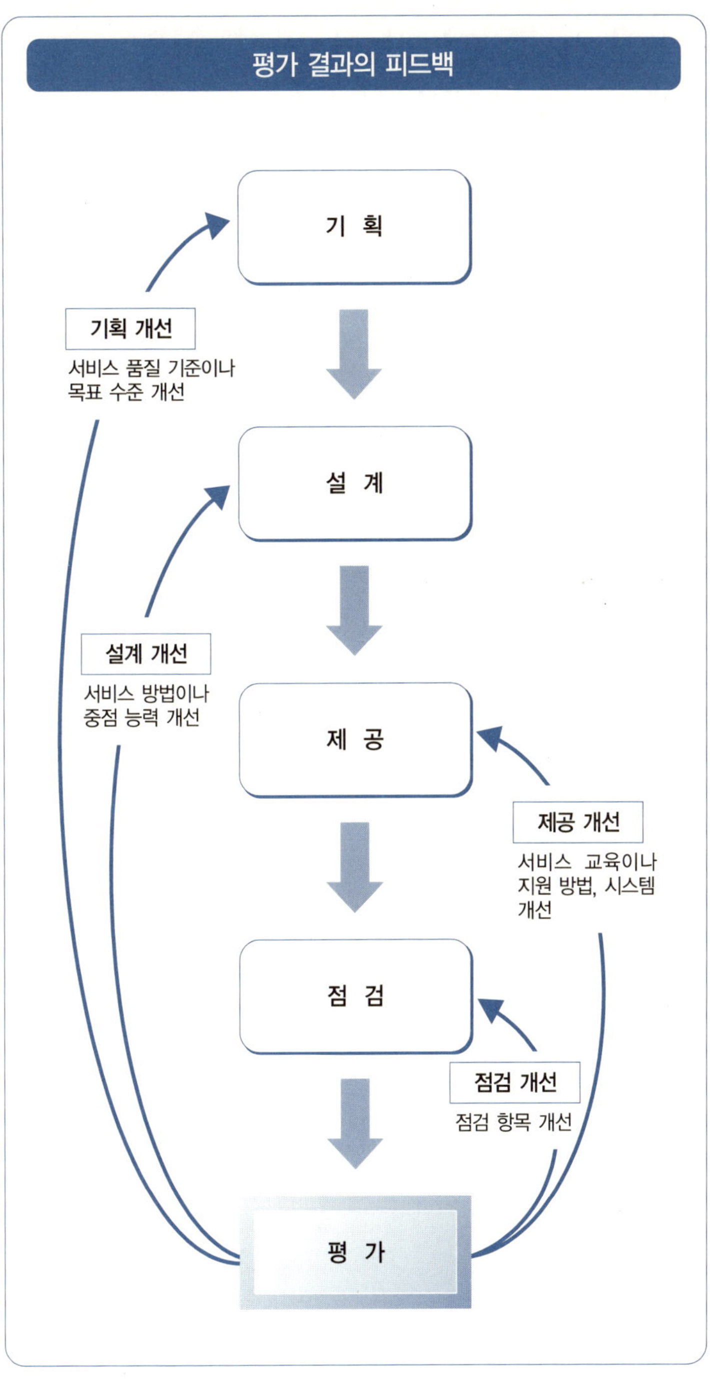

평가 결과의 피드백
기 획
기획 개선
서비스 품질 기준이나
목표 수준 개선
설 계
설계 개선
서비스 방법이나
중점 능력 개선
제 공
제공 개선
서비스 교육이나
지원 방법, 시스템
개선
점 검
점검 개선
점검 항목 개선
평 가

서비스 품질 점검과 평가는 다르다!

서비스 품질 관리에서의 5가지 프로세스 중 점검, 평가의 2가지 개념에 대해 혼란을 겪는 경우가 있는데, 점검과 평가에는 명확한 차이가 있다.

점검은 원인을 체크하는 항목으로 중요한 영향을 미치는 요인 그 자체를 보는 것이다. 이에 반해 평가 항목은 결과를 체크하는 항목으로 결과로 나오는 것을 검토하는 항목이다.

예를 들면 모니터링은 점검 항목이다. 콜센터 등에서는 사내 직원이 모니터링을 하지만 이는 서비스의 결과를 끌어내는 요인을 체크하는 것이다. 이를 분석해 시급히 대책을 세울 수 있도록 활용한다.

한편 만족도 조사라는 항목은 평가 항목이다. 만족도는 고객이 평가하고 고객은 결과의 좋고 나쁨이 전부이며 원인이 무엇인지는 상관하지 않는다.

점검 항목과 평가 항목에는 이러한 차이점이 있지만 항목 설정은 공통적인 것이 있기 때문에 동시에 설정하는 것이 효율적이다.

지금 필요한 것은 뭐?
서비스 정신!

포인트

1. 현장의 주체성을 높여 학습과 진화를 진행한다
2. 현장의 자긍심·일의 보람·성취감을 이루어낸다
3. 지식이 연계될 수 있도록 매뉴얼로 정리한다

서비스 업무는 지식경영Knowledge management, 역량모델(성공적인 업무 수행자의 행동 특성을 구체적, 경험적으로 밝혀내어 이를 인사 활동의 제반 분야에 활용하는 것. 이러한 역량모델을 통해 기업은 개인이 갖고 있는 핵심 역량을 조직의 핵심 역량과 유기적으로 통합하고 상호 연계한다), 매뉴얼 등의 방법을 도입해 왔다. 그러나 서비스 업무를 주도적으로 행한 것이 아니기 때문에 성과의 산출이나 정착이 미미한 경우가 많았다.

또한 지금까지 여러 가지 경영 관리 방법이 도입되었지만 서비스 부문은 퇴보하여 이를 등한시하는 관리자들이 늘어났고, 결국 기업에서도 외면하는 실정이다. 지금 필요한 것은 의식이 있는 사람이 꿈과 이상을 가지고 서비스 업무를 개선해 가는 것이다. 서비스 부문의 주체성, 학습과 진화, 지식의 연결을 중시하여 자긍심, 일의 보람, 성취감의 표현과 성과의 창출을 목적으로 하는 관리가 필요하다. 그리고 서비스 노하우의 단편적인 축적을 피하기 위해서 업무직과 관리직의 두 분야로 나누어 현장의 노하우를 통합하는 작업, 예를 들면 매뉴얼 만들기 등을 실시한다면 보다 효율적인 성과를 기대할 수 있을 것이다.

임시고용직 인재들의
사기고양으로 차별화를 꾀하라

소매업과 서비스 산업에서는 서비스 업무를 임시직과 아르바이트생에게 맡기는 일이 많다. 이러한 임시고용직 업무 능력의 차이가 서비스의 품질을 좌우하게 된다. 그러나 사실 근무처나 자신이 맡은 업무에 대해 긍지가 없는 사람을 북돋운다는 것은 어려운 일이다.

어느 슈퍼마켓에서 점장이 임시직 직원과 아르바이트생을 평가해서 시급을 올리게 되었다. 그는 귀찮은 마음에 직접 평가를 하지 않고 시급을 일률적으로 올려 버렸다. 어떤 일이 일어났겠는가?

열심히 일한 사람들 중 몇 명이 그만둬 버렸다. 그들의 입장에서는 열심히 하든, 하지 않든 똑같다는 생각이 들었을 것이다.

임시직이나 아르바이트생 중 열심히 하는 사람은 관리자들이 이를 알아주기를 바란다. 관리자들은 이들을 단순히 노동력으로만 생각할 것이 아니라 인재로 인식하여 사기를 북돋아주는 것이 바람직하다. 이것이 진정한 관리자의 능력이다.

5장

서비스 품질 향상의
포인트

서비스 품질 향상의 포인트

포인트

1. 각 부문별로 분리해서 생각한다
2. 비영업부서의 시점도 중요하다
3. 아웃소싱으로 품질이 저하되지 않도록 노력해야 한다

고객에게 직접 서비스를 하는 영업부서나 매장, 콜센터, 애프터 서비스팀 등은 각각의 업무 특성에 맞추어 주의해야 할 점이 있다.

영업 부문에서는 고객을 대하면서 그들의 기대를 포착하고 신뢰 관계를 구축하기 위해 먼저 제안을 해야 한다. 매장에서는 다양한 고객들의 적절한 응대를 위하여 개별 고객의 이해를, 콜센터 부문에서는 고객이 전화 상담을 통해 도움을 받았다는 의견을, 애프터 서비스에서는 고객이 구입 후에도 약속받은 가치가 이어질 수 있다고 안심하는 것을 중요하게 생각해야 한다.

한편, 부문에 상관없이 공통적으로 중요한 점이 있다. 고객의 욕구와 고민을 파악하고 알기 쉽게 설명하는 커뮤니케이션, 고객이 고민하고 있는 것이나 곤란해 하는 것에 대한 문제 해결의 두 가지 포인트가 공통적으로 중요하다.

또한 고객과 직접 접촉하지 않는 비영업부서Back-office에서도 서류의 발송이나 대응 부서의 지원 과정에서 고객 중심의 의식 전환이 필요하다.

그리고 서비스 부문과 비영업부서의 업무를 아웃소싱하고 있는 경우에는 위탁처가 고객을 위해서 서비스 품질을 관리해야 한다.

이 장에서는 이러한 포인트를 순서대로 검토해 보자.

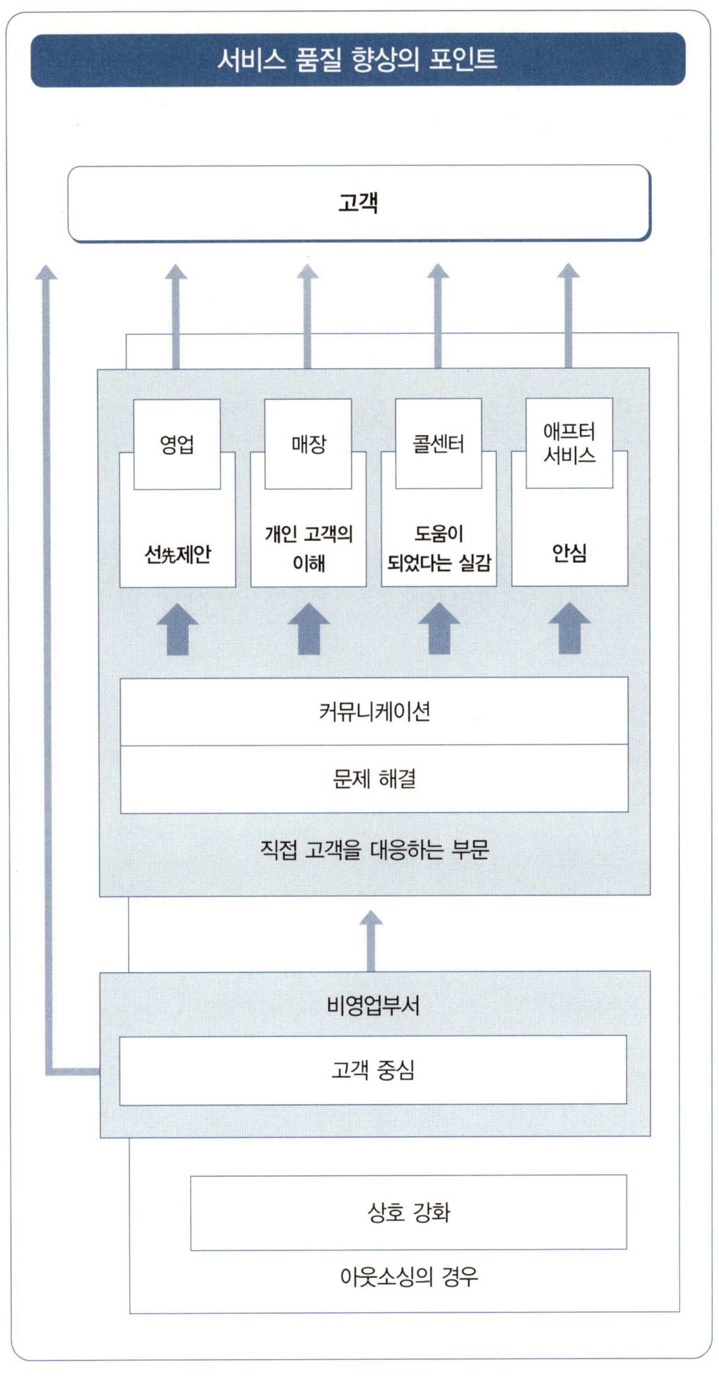

서비스 품질 향상의 포인트
고객
영업
매장
콜센터
애프터 서비스
선先제안
개인 고객의 이해
도움이 되었다는 실감
안심
커뮤니케이션
문제 해결
직접 고객을 대응하는 부문
비영업부서
고객 중심
상호 강화
아웃소싱의 경우

고객이 원하는 것을 먼저 제안하라

1. 영업이야말로 고객 만족 향상에 결정적 수단이다
2. 가장 중요한 것은 제안이다
3. 고객 요구에 대한 단순 대응에서 벗어나 먼저 제안한다

영업은 서비스 업무에서 가장 중요한 부문이다. 그렇다면 과연 영업에서 어떠한 것이 서비스 향상의 포인트가 될까?

영업은 고객 만족 향상의 중심이 되는 업무로 특히 B to B 사업에서 이런 경향은 강하게 나타난다. 그런데 영업 부문에서 제안 부족이 영업 자체의 평가 저하, 나아가서는 종합 만족도를 낮추는 원인이 되는 것을 알 수 있다. 영업담당자는 옳은 제안을 하고 있다고 생각하는 반면, 고객은 늘 제안이 부족하다고 느끼는 것이다. 이런 점에 대해 고객 조사를 해보면, 제안은 있지만 대부분 고객의 의견을 듣고 난 후의 제안이라는 것이 문제이다.

고객의 기대에 부응하는 제안을 먼저 하기 위해서는 고객의 이야기를 면밀히 들을 필요가 있다. 영업담당자는 고객에게 방문하는 것을 단순 판매 활동으로 생각하는 경우가 많지만 이를 고객의 의견을 경청하기 위한 기회로 여겨야 한다. 그래서 영업담당자는 자신이 고객보다 더 많은 이야기를 하고 있는 것은 아닌지 확인해 볼 필요가 있다. 또한 무엇을 물어볼 것인지도 사전에 철저히 준비해야 한다. 고객 방문을 고객의 의견을 경청하기 위한 기회로 의식을 전환하는 것은 영업담당자들만의 문제가 아니다. 회사 전체적으로 의식을 바꿔야 한다.

영업 부문의 선제안

B to B 사업의 전형적인 고객 만족도 조사 결과

종합 만족도와 각 항목의 체계 이미지

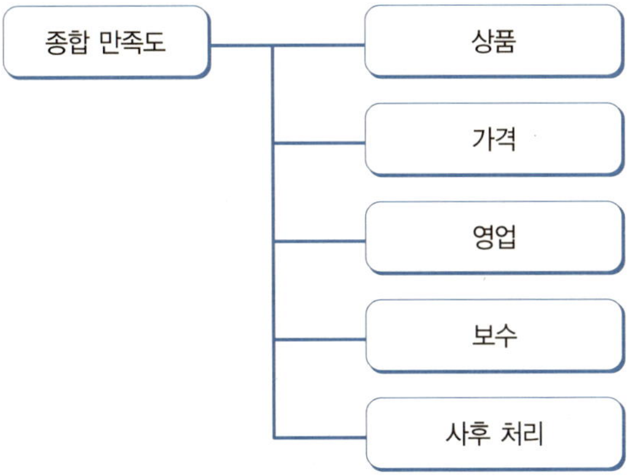

종합 만족도
상품
가격
영업
보수
사후 처리

영업과 종합 만족도의 상호관계

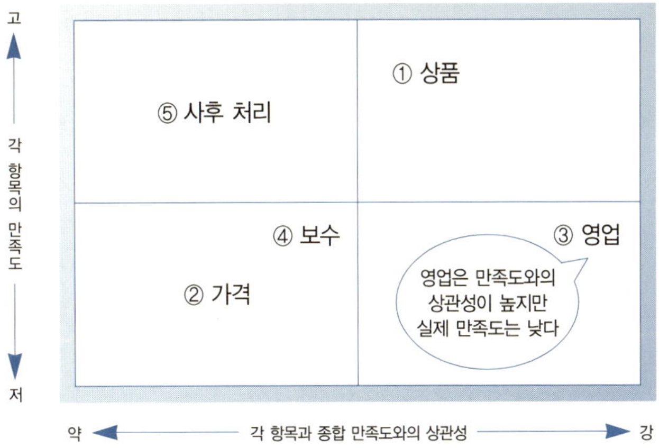

고
각 항목의 만족도
저

⑤ 사후 처리
① 상품
④ 보수
② 가격
③ 영업

영업은 만족도와의
상관성이 높지만
실제 만족도는 낮다

약
각 항목과 종합 만족도와의 상관성
강

영업 부서의 선제안

1) 도입 배경

A사는 의료기기를 제조하여 병원에 판매하고 있다. 취급기기는 납품 후 병원과 의사가 사용하기 쉬운 레이아웃을 제안하는 것과 병원 내 정보시스템과의 접속을 원활히 하는 것이 관건이었다. 또한 의료기기 중에서도 고가품에 속하기 때문에 병원 측의 예산 신청 계획을 지원하거나 병원 내의 여러 과를 돌면서 의견을 조정하는 일도 중요한 영업 활동이었다.

A사는 업계에서는 앞서가는 기업으로 혁신적인 기술을 보유하고 있었기 때문에 지금까지는 가격경쟁에 휘말리지 않고 안정적인 영업이 가능했다. 그러나 최근에는 후발기업들이 차례로 유사기기를 선보이며 기술적인 차이를 줄여 가격경쟁에 휘말리는 경우가 늘어났다. 또한 병원 내에서는 다양한 정보시스템이 운용되어 의료기기 지식만으로는 부족했다. A사는 병원과 의사의 기대에 부합하는 제안을 하지 못했고 주문을 받더라도 고객의 기대를 완전히 파악하지 못해 병원 측의 불편과 불만을 초래하게 되었다. 그래서 A사에서는 근본적으로 영업 방법을 재조명하는 작업에 착수하게 되었다.

2) 도입 내용

A사가 목표로 삼았던 영업담당자의 서비스 품질은 다음과 같다.

- 병원과 의사가 사용하기 편리한 기기 제안
- 병원 내의 정보시스템에 유연하게 대처하는 기기 제안

● 신속한 의사결정을 촉진하는 판단 근거의 제안

개선 목표는 명확했지만 구체적인 대책은 아무도 모르는 상태였다. 영업담당자로서도 타회사와의 비교가 곤란한 상황이었으며 정보시스템과의 연계 등 지금까지의 영업에서 경험해 보지 못한 도전에 직면하게 되었다.

우선 영업담당자 전원이 지혜를 모아 과제를 검토하는 일부터 시작하였다. 한 달에 한 번 모든 영업담당자들이 현재의 주요고객으로 있는 B병원에 대한 영업 활동, 제안 방법 등을 검토하기로 한 것이다. 그때 규정으로 정한 것은 다음과 같다.

> ① B병원 담당자는 고객의 의견을 구체적으로 보고한다.
> ② 토론회에서 정한 사항은 다음 달까지 반드시 실시한다.
> ③ 타담당자의 안건에도 반드시 전원이 참가하여 검토한다.

①은 처음에는 규정되어 있지 않았다. 그러나 담당자 이외의 사람이 고객 기대를 상정하여 자신의 경험에서 나온 충고를 하기 위해서는 고객의 살아있는 목소리와 반응을 알 필요가 있다는 것을 깨닫게 되었다.

이 토론회는 다음과 같은 방법으로 진행되었다.

● B병원 담당자가 지난 1개월간의 영업 활동 과제(이전에 결정, 합의했던 활동 상황)를 보고한다.

● B병원과 관련된 방문 활동뿐만 아니라 자료 작성을 포함한 활동 전반을 보고한다.

● B병원의 담당자 활동에 대한 고객의 반응을 구체적으로 보고한다.

● 이를 근거로 하여 고객 기대의 파악과 향후 해야 할 일을 자유

롭게 토론한다.

●다음 달에 담당자가 실시해야 할 활동사항을 결정하고 합의
한다.

이 토론회에서 중요한 것은 경험주의나 개인의 체험담에 의존하기 쉬운 영업 활동이 고객의 생생한 목소리로 이루어진다는 점이다. 또한 영업담당자는 각자의 노하우를 밝히는 것을 꺼리지만 고객의 소리를 기준으로 함으로써 활발한 토론이 이루어질 수 있었던 것도 하나의 수확이었다.

이 토론회는 월 1회의 합동토론으로 정착하여 고객의 생생한 소리를 최대한 참작하여 제안한다는 의미에서 VOC(Voice Of Customer)라고 불렸다.

VOC 검토회

고객 이해, 노하우 공유를 위한 그룹 논의를 통해
고객의 생생한 목소리와 반응을 파악한다

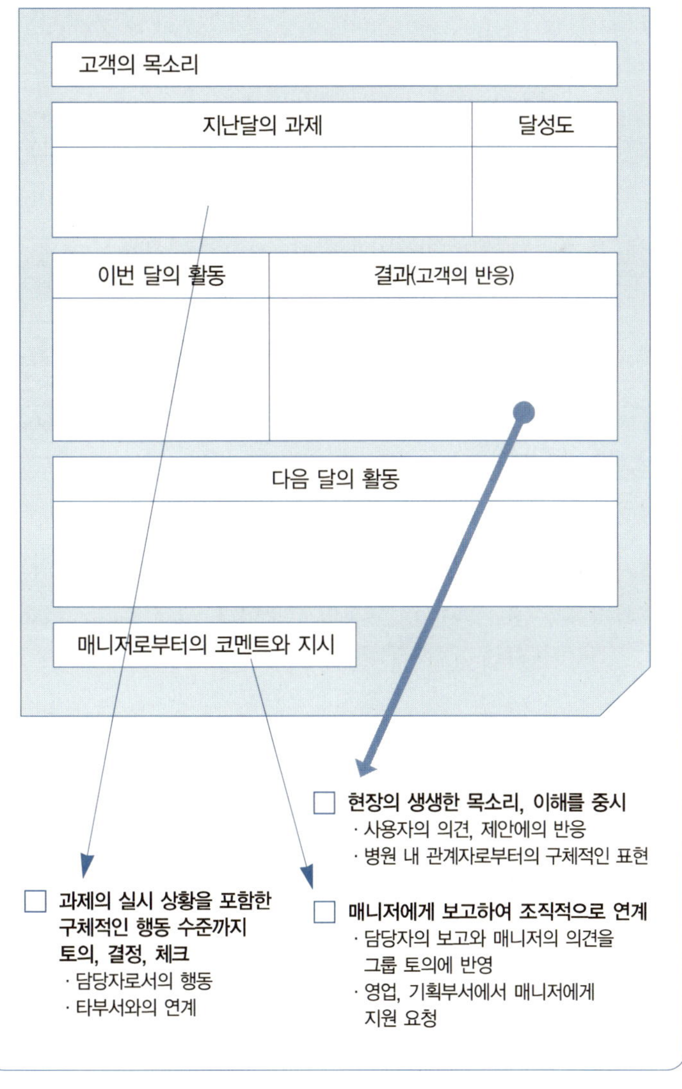

고객이 원하는 것을 파악하라

매장의 경우, 서비스 향상의 포인트는 담당자가 눈앞에 있는 고객을 제대로 이해하고 있는지가 된다. 언제, 어떤 상황의, 어떠한 고객이든 똑같이 대하는 것은 기계와 시스템으로도 충분히 대체가 가능하다. 고객의 기대치가 낮다면 오히려 기계로 서비스하는 편이 클레임이 적다. 인터넷 쇼핑과 통신 판매 등의 무점포 판매가 늘어난 오늘날, 점원이 있는 매장에서는 사람이 아니면 할 수 없는 일을 해야 의미가 있다.

점원이 고객을 이해하기 위한 수단으로 외견外見이 있다. 연령, 성별, 복장, 소지품, 동행자 등이 판단 대상이 된다. 또한 외견으로 판단하기 좋은 요소가 바로 고객의 행동이다. 고객 응대 시간이 길수록 고객의 행동에 관심을 가질 필요가 있다.

고객을 보다 깊게 이해할 수 있는 재료는 커뮤니케이션이다. 질문을 주고받는 인터뷰 능력이 뛰어날수록 보다 깊이 고객을 이해할 수 있다. 그러므로 고객이 '이 점원은 내 마음을 알아주는구나'라고 느끼게 하기 위해서는 먼저 의사를 물어 볼 필요가 있다. 효율적인 응대에 의해서 고객에 대한 이해가 높아지기 때문이다.

- 외견 정보로 판단한다
- 커뮤니케이션 정보로 판단한다
- 이해한 것을 전할 수 있는 언행과 행동

매장의 개인 고객 이해

1) 도입 배경

C백화점에서는 매장의 판매력이 점점 떨어지고 있었다. 그래서 고객의 클레임과 설문을 통해 고객 만족도를 조사했고, 미스터리 쇼퍼에 의한 평가를 실시했는데 결과가 모두 좋지 않았다.

백화점이므로 고객 응대 판매가 중요하다는 것은 누구나 알고 있었다. 그러나 이를 너무나 당연시하다 보니 오히려 구체적으로 행하지 않았다는 반성이 경영자, 임원진, 매장 매니저에게서 공통적으로 나타났다. 정작 개선 방법을 도입하려고 보니 현재의 고객 응대 서비스 향상을 저해하고 있는 요인을 알게 되었다.

● 파견 사원, 임시직, 아르바이트 사원의 비율 상승

서비스 업무를 정식 사원 이외의 사람이 전담하는 비율이 높아졌다. 이들은 회사의 직원이 아니었기 때문에 아무래도 애사심이 부족했고 이것이 고객 응대 서비스 능력의 저하로 이어졌다. 두 번째는 인사이동이 심하여 경험을 쌓은 전문직 직원이 적어 서비스 능력이 저하되었고 직장 선배들이 솔선수범하여 직원들의 교육에 도움을 주지 않아 OJT에 의한 학습을 어렵게 한 것이었다.

● 이동(교대) 근무에 의한 교육의 한계

이 백화점에서는 서비스 업무의 대부분이 이동 근무에 의해서 이루어졌다. 이로 인해 전원이 하나의 공통된 의식을 가지고 있지 않았고 일반적인 교육으로 서비스 업무의 능력 향상이 어려운 점이 있었다.

●판매 능력의 미확립과 미공유

C백화점은 전통적으로 친절을 중요시 해왔기 때문에, 고객 응대 매너나 옷차림, 말투에 관한 교육은 확실히 이루어졌다.

그러나 고객을 개별적으로 대하는 상황에서는 임기응변적으로 대응하여 서비스 교육이 체계화되지 않고 판매 능력이 부족함을 알 수 있었다.

2) 도입 내용

서비스 향상의 저해요인을 없애기 위해 다음과 같이 개선하였다.

●생생한 노하우의 수집

탁월한 고객 응대 능력으로 뛰어난 판매 실적을 보인 직원에게서 생생한 노하우를 모았다. 실제로 매장에서 고객 응대 판매를 관찰하고 고객의 성향을 어떤 방법으로 알아보는지, 고객에 따라 어떻게 대응을 달리 하는지와 같은 구체적인 기술을 정리하였다.

●새로운 교육 방법의 확립

매장에서는 단시간, 반복형의 교육 방법을 확립했다. 고객에 대한 이해력을 높이기 위해 매뉴얼 형태가 아니라 판단력과 대응력을 높이는 트레이닝을 중심으로 했다. 또한 이전처럼 교육을 현장에 맡기는 것이 아니라 각 현장에 트레이너를 배치하여 교육 계획과 개인 평가를 함께하는 관리항목을 지정해 정착시켰다.

매장의 개인 고객 이해 1

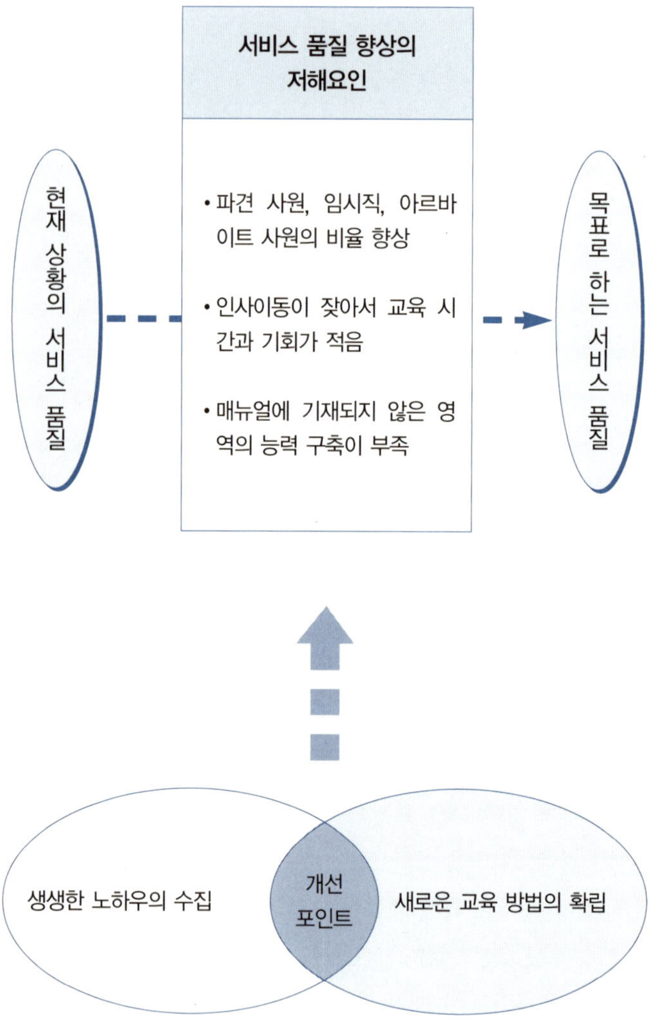

서비스 품질 향상의
저해요인

현재 상황의 서비스 품질

목표로 하는 서비스 품질

• 파견 사원, 임시직, 아르바
이트 사원의 비율 향상

• 인사이동이 잦아서 교육 시
간과 기회가 적음

• 매뉴얼에 기재되지 않은 영
역의 능력 구축이 부족

생생한 노하우의 수집

개선
포인트

새로운 교육 방법의 확립

매장의 개인 고객 이해 2

생생한 노하우 정리의 진행 방법과 아웃풋 이미지

핵심 인재 분석 / 일반 원칙

대응 패턴 작성

목적	고객이 말을 걸기 쉬운 상황 만들기
대표적인 방법	• 바쁜 것처럼 허둥대지 않는다 • 손님이 말을 걸기 쉽도록 눈을 떼지 않는다 • 억지로 판매한다고 느끼지 않도록 한다 • 친절하다고 느끼게끔 한다

고객 타입별 포인트	타입	판단 포인트	방법
	아이쇼핑	상품별 검토시간이 짧다	거리를 두고 매장 전체를 향해 목소리를 낸다

상황별 포인트	상황	방법
	바겐세일 등의 혼잡	…

매장의 개인 고객 이해 3

서비스 교육 방법

단시간 · 다빈도 교육	매년 수회 실시, 하루 종일 시행하는 교육이 아닌 짧은 시간이라도 빈도수를 높이는 교육 스타일로 전환
응용이 가능하며 행동으로 이어질 수 있는 교육	배운 것을 실행한다는 것만으로는 한계가 있기 때문에 스스로 응용하려는 적극적인 사고방식이 가능한 교육으로 전환
공유 가능한 교육	현장 경험을 쌓을 수 있는 여유가 없으므로 즉시 효과를 볼 수 있는 교육 실시 생생한 지식, 전문가의 노하우를 공유할 수 있는 교육으로 전환
계획적인 교육	시간이 있을 때 즉흥적으로 실시하는 교육이 아닌, 계획적으로 시간을 유용하게 활용할 수 있는 교육으로 전환
현장에서 가능한 교육	현장 이외의 장소에서 이루어지는 교육이 아닌, 서비스 부문의 현장에서 이루어질 수 있는 교육으로 전환

고객의 의견을 경청하라

콜센터는 전화를 이용하여 고객과 커뮤니케이션을 하기 때문에 상대방의 얼굴이 보이지 않는다는 단점을 극복하여 고객이 만족하도록 하는 것이 포인트다.

고객은 무엇인가 문제가 있기 때문에 전화를 한다. 담당자는 많은 업무 지식을 가지고 경청함으로써 고객 고유의 문제를 빨리 파악하고, 고객이 갖고 있는 문제를 공감하려는 자세가 필요하다. 업무 지식은 고객의 이야기를 듣지 않고 문제점을 판단하기 위한 것이 아니라 고객의 문제를 빨리 파악하기 위하여 사용하는 것이다. 문제점을 신속하고 정확하게 해결하는 것이 얼굴이 보이지 않는 서비스에서는 특히 중요하다.

문제점을 알았으면 적절한 해결책을 제시하여 고객의 문제점을 해결해야 한다. 그러나 해결하는 것만으로는 당연한 평가밖에 받을 수 없다. '여러 가지 해결 방법을 제시하고 가장 적절한 방법을 제안한다', '앞으로 발생할 여지가 있는 문제에 대해서도 해결 방법을 제안한다' 등 적극적인 해결 자세로 $+\alpha$를 제시해야 한다.

질문에 대한 답변만이 아니라 고객의 입장에서 정보를 제공함으로써, 전화로 문의한 것이 도움이 되었다고 느끼게 해야 한다.

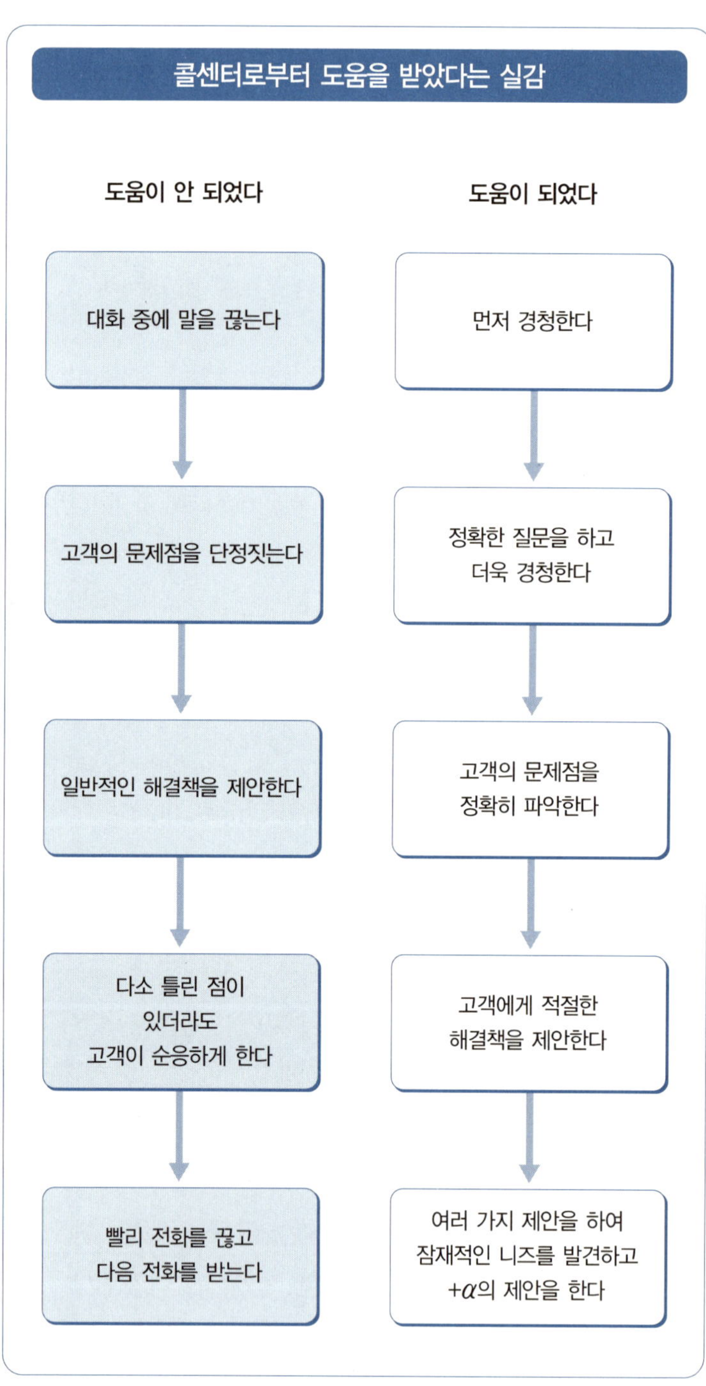

콜센터로부터 도움을 받았다는 실감
도움이 안 되었다
도움이 되었다
대화 중에 말을 끊는다
먼저 경청한다
고객의 문제점을 단정짓는다
정확한 질문을 하고 더욱 경청한다
일반적인 해결책을 제안한다
고객의 문제점을 정확히 파악한다
다소 틀린 점이 있더라도 고객이 순응하게 한다
고객에게 적절한 해결책을 제안한다
빨리 전화를 끊고 다음 전화를 받는다
여러 가지 제안을 하여 잠재적인 니즈를 발견하고 +α의 제안을 한다

콜센터로부터 도움을 받았다는 실감

1) 도입 배경

D콜센터에서는 전화가 급증해 고객 만족도가 떨어지고 클레임 건수가 증가하는 상황이었다. 전화건수에 따른 증원은 필요했지만 현장담당자는 전화 업무를 빨리 처리해야 한다고만 생각하여 서비스 품질은 점점 떨어져갔다.

용건에 충분히 응답하지 못했기 때문에 고객 만족도는 현저히 떨어졌고, 늘어나는 클레임 대응에 관리자는 많은 시간을 뺏겼다. 직원들의 의욕 저하로 퇴직자는 늘어났고 신입 교육과 수습으로 관리자는 더욱 더 바빠졌으며 서비스 향상을 위한 시간적 여유가 없는 악순환에 빠졌다. 이런 악순환을 근절시키기 위해 점검해 본 결과 근본적인 문제를 발견했다.

우선 '전화를 빨리 처리한다'는 건수 목표가 정해져 있었다. 전화 수가 급증함으로써 콜센터는 한 건당 대응 시간과 1시간당 대응 건수를 목표로 설정했다. 이로 인해 현장담당자는 전화를 받을 때, 빨리 끝내고 다음 전화를 받지 않으면 목표를 달성할 수 없다는 인식을 갖게 되어, 가능한 빠른 시간 내에 전화를 끊으려고 했다.

또한 문제 해결에 관한 만족도가 특히 낮았다. 고객 만족도 조사를 실시한 결과 '문제를 해결했는가'라는 부분의 만족도가 특히 낮았다. 이 원인을 조사하면서 다음과 같은 문제점을 알게 되었다.

● 체크 항목이 고객 니즈에 적합하지 않다

전화 상담 내용을 상사가 모니터링하고 있었는데 그 체크 항목은 단어의 사용이나 스피드, 목소리 톤 등의 매너 면에만 너무 치우쳐져 있었다.

또 승진 시 업무 지식의 풍부함이 중요 요건이므로 업무 지식의 체크가 엄격히 이루어졌다. 즉 고객이 기대하는 대응과는 동떨어진 체크가 이루어지고 있었다. 또 상사 역시 다른 업무에 쫓겨 체크의 빈도는 담당자 한 사람당 월 1회 정도였다.

● 고객의 이야기를 경청하지 않았다

서비스 내용을 분석해 보면 담당자는 시간 단축을 위해 고객이 전화를 해온 이유, 상황, 고객의 문제점이나 관심을 제대로 경청하지 않고 있었다. 또한 고객의 문의상황을 좀 더 자세히 알기 위해 부가 질문을 하는 경우도 거의 없었다.

● 일방적인 답변

고객의 문제나 상황을 고려하지 않고 FAQ에 적혀있는 대로 읽는 일방적인 답변이 대부분인 것을 알게 되었다. 또한 고객이 알고 싶어 하는 것뿐만 아니라 필요 없는 부문까지 이야기하여 고객을 혼란시키는 경우도 있었다.

서비스 품질 체크 시점과 체크시트의 개선

항목	체크란
먼저, 전화를 걸어주었음에 대한 감사의 말을 전한다	
고객의 용건을 복창한다	
부재 중일 때는 '조금만 기다려 주십시오'라는 메시지가 자동응답기에서 흘러나온다	
마지막으로 담당자의 이름을 밝힌다	

모니터링 체크시트

평가 항목	체크 항목 (잘하고 있으면 ○, 그렇지 않으면 ×)	체크
매너	명료한 발음, 음량으로 알아듣기 좋은가?	
경청	고객이 말하고 있는 내용을 잘 듣고 있는가?	
이해	고객의 니즈를 고객에게 재확인 함으로써 동의를 얻고 있는가?	
설명	정확한 표현이 되고 있는가 알기 쉽게 설명하고 있는가?	
클로징 오프닝	따뜻하고 상냥하게 하고 있는가?	
	고객이 만족하고 있는가?	

2) 도입 내용

이러한 문제에 대해서 다음과 같은 대책을 세워 고객 만족도를 향상시켜 고객이 콜센터로부터 도움을 받았다고 실감할 수 있게 했다.

●효율 목표에서 서비스 품질 목표로 전환

건수 목표가 아닌 대응 서비스 평가와 고객 만족도로 목표를 변경했다. 시간에 관한 목표는 후後 처리 시간만을 고려했다. 처음에는 내부적으로 '효율과 고객 만족은 양립하지 않는다' 는 저항감이 있었지만 곧 고객의 용건을 정성껏 듣고 해결책을 제시하는 방법을 통해 이전보다 짧은 시간 안에 문제가 해결된다는 것을 알게 되었다. 게다가 똑같은 문의나 클레임이 감소함으로써 콜센터 전체적으로도 이전보다 더 효율적으로 업무를 할 수 있었다.

●업무 체크의 시점과 체크시트의 개선

체크 항목은 지금까지의 매너중심에서 문제 해결을 명확히 실현하기 위한 경청, 이해, 설명이라는 프로세스를 첨가했다. 또한 최종적으로 고객의 문제가 해결되었는지, 고객은 만족해서 전화를 끊었는지를 체크하는 항목을 추가함으로써 문제 해결과 만족도 향상에 관심을 기울였다.

●품질 점검 사이클의 개선

품질 체크의 빈도를 월 1회에서 주 1회로 전환했다. 상사의 업무를 개선함으로써 품질 체크 시간을 확보했고 체크 결과에 근거한 개별 지도와 콜센터 전체의 약점 극복 등으로 업무를 개선했다.

● 문제 해결 프로세스에 따른 회답으로 변경

지금까지 담당자가 사용하고 있던 FAQ 매뉴얼은 고객의 용건별로 답변 내용이 정리된 것이었다. 이를 고객과 커뮤니케이션을 통해 문제 해결을 해나가는, 프로세스에 따른 회답으로 변경하였다. 이로 인해 고객에게 명확한 질문을 해나가면서 문제 해결을 할 수 있게 되었다.

또한 이 매뉴얼에는 용건별로 고객에 대한 표현 방법과 고객이 알기 어려운 용어의 설명 등도 추가시켰다.

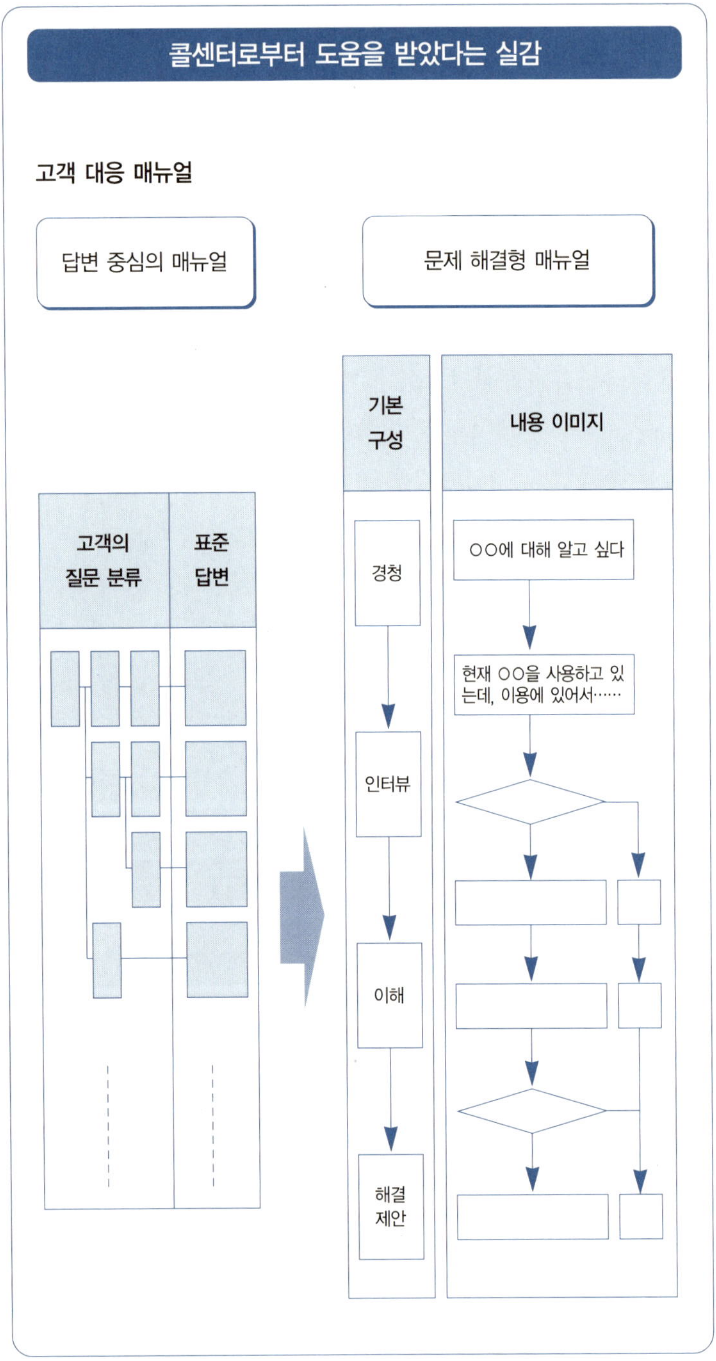

콜센터로부터 도움을 받았다는 실감
고객 대응 매뉴얼
답변 중심의 매뉴얼
문제 해결형 매뉴얼
고객의 질문 분류
표준 답변
기본 구성
내용 이미지
경청
인터뷰
이해
해결 제안
○○에 대해 알고 싶다
현재 ○○을 사용하고 있는데, 이용에 있어서……

고객이 만족감을 느끼게 하라

포인트

1. 애프터서비스는 약속한 가치의 유지다
2. 동시에 장래 가치에 대한 제안도 필요
3. 두 가지가 실현되어야 비로소 만족으로 이어진다

생산재, 소비재를 불문하고 '팔면 끝'이라는 자세로는 기업의 책임을 다할 수 없고, 그러면 결국 고객은 떠나버린다. 그러므로 애프터서비스로 약속한 가치를 계속 유지해야 한다. 고객이 애프터서비스라는 오랜 대응 관계에 기대하는 것은 만족과 안심이다.

소비자는 오랫동안 사용하는 물건일수록 '안심하고 계속 사용할 수 있는가'를 구입의 기준으로 삼는다. 가전제품, 자동차, 주택, 보험 등이 대표적인 예이다. 그러므로 약속했던 가치를 유지하여 고객이 안심하도록 해야 한다. 또한 앞으로의 가치 제안까지 함께 함으로써 비로소 진정한 만족을 느끼게 할 수 있다. 이러한 의미에서 애프터서비스는 미래를 위한 세일즈라 할 수 있다.

사실 애프터서비스는 구입 후에 발생하는 것이다. 그러나 실제로 구입하여 사용하기 전에 애프터서비스를 고려한다는 소비 행동에서 알 수 있듯이 아직 발생하지 않은 애프터서비스를 어떻게 고객에게 알리고 안심시키는지가 중요한 포인트라고 할 수 있다.

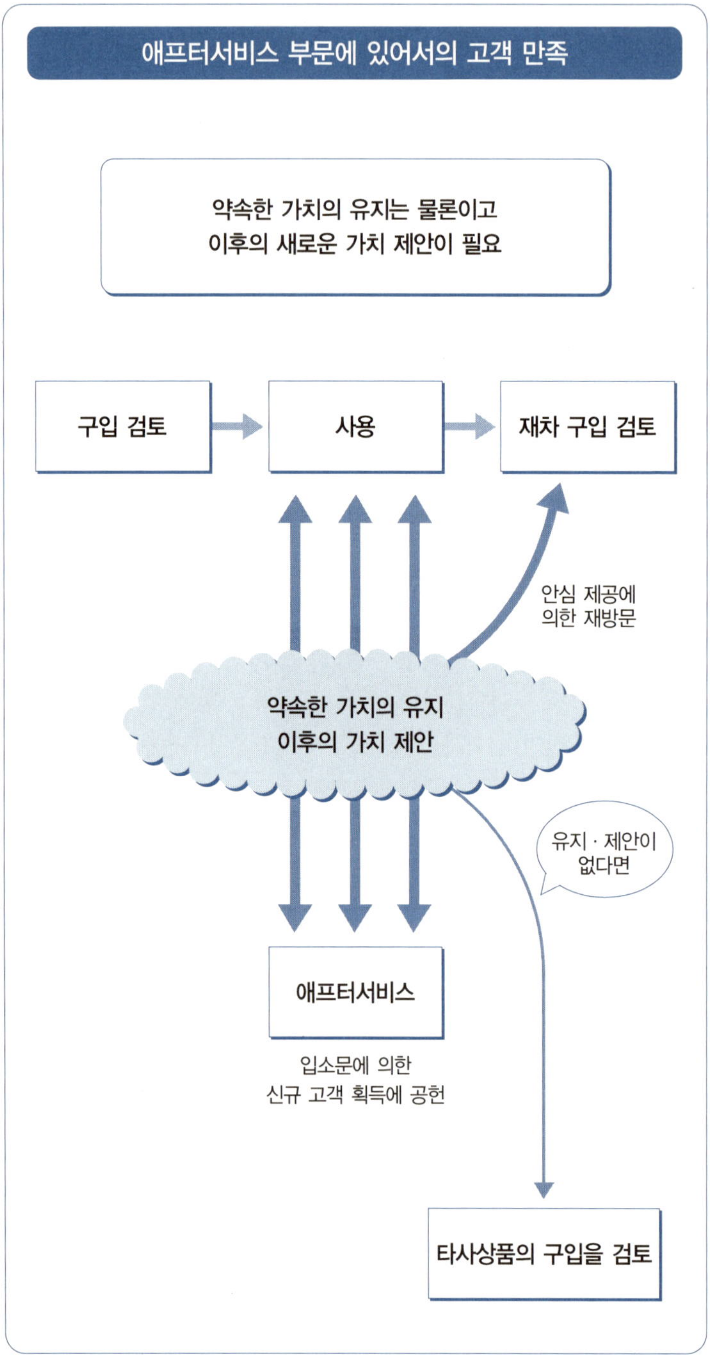

애프터서비스 부문에 있어서의 고객 만족

약속한 가치의 유지는 물론이고
이후의 새로운 가치 제안이 필요

구입 검토
사용
재차 구입 검토

안심 제공에
의한 재방문

약속한 가치의 유지
이후의 가치 제안

유지 · 제안이
없다면

애프터서비스

입소문에 의한
신규 고객 획득에 공헌

타사상품의 구입을 검토

애프터서비스 부문에 있어서의 고객 만족

1) 도입 배경

검사기기 제조업체인 E사는 연구소와 병원 등에 검사기기를 판매하고 있다. 고객이 검사기기를 선정하는 기준은 기기의 성능 외에 판매 후의 애프터서비스 수준도 있다. 검사기기는 일상적인 업무에 꼭 필요한 것이므로 고장이 났을 경우, 신속한 수리와 소모품의 재고 관리 지원 등, 애프터서비스가 많은 부분을 차지하기 때문이다.

이러한 고객의 문의와 수리 의뢰 등 애프터서비스는 전국의 단한 곳의 콜센터에서 떠맡고 있다. 이곳에서 고객의 문제 해결과 신속한 수리가 이루어진다면 아무런 문제가 없겠지만 반대로 적절한 해결책이나 안내가 이루어지지 않거나 수리 시간이 오래 걸린다면 고객은 안심할 수 없게 된다.

E사의 애프터서비스부서는 구입 후 사용을 얼마나 원활히 지원할 수 있는가 하는 관점에서 이 사업을 추진해 왔다.

2) 도입 내용

E사 애프터서비스부서의 담당자는 고객으로부터 칭찬, 고충, 의견과 요구 사항 등을 듣는다. 그러나 실제로 자신들의 업무가 어느 정도 고객들에게 도움이 되었는지, 어느 정도 안심하고 사용하고 있는지의 관점에는 개인적인 격차가 있다. 따라서 먼저 고객의 목소리를 들을 수 있는 조사를 실시했다. 그 결과 아래와 같은 점들이

애프터서비스 부문에 기대된다는 것을 알게 되었다.

- 전화 상담만으로 문제가 해결되는 것이 이상적이다. 이것이 어렵다면 해결 방법과 어느 정도 시간이 소요되는지 알고 싶다.
- 수리도 중요하지만 수리 전의 응급처치를 알고 싶다.
- 환경에 맞는 적절한 사용 방법을 알려주길 바란다.

지금까지 콜센터에서는 단지 고객의 기기 고장 문의를 받고 담당 지역의 영업담당자와 수리부서에 연락을 취하는 것으로 그만이었다. 따라서 위와 같은 기대에는 미치지 못하고 있다는 것을 알게 되었으며, 기대에 부응하지 않았던 것뿐 아니라 고객이 그러한 것까지 기대하고 있다는 것 자체를 처음으로 알게 되었다.

고객의 요청은 모두 어려운 것이었다. 그중에서도 기술 지식을 필요로 하는 기대에 부응하는 것은 난이도가 높고 하루아침에 대응하기 어려운 것이었다. 그래서 먼저 고객들에게 제대로 된 사용 방법을 알려주기로 했다. 제대로 된 사용 방법은 영업담당자와 설치 담당자가 아니면 잘 알지 못한다. 따라서 사내의 담당자를 강사로 한 모임을 개최하거나, 실제 연구소나 병원을 방문하여 기계 사용 방법을 알려주었다.

또한 고객들의 문의 내용을 피드백하여 해결 매뉴얼을 정리하였다. 고객의 문의와 상담이 있는 경우 고객에게 무엇을 물어볼 것인지, 어떠한 질문이 알기 쉬운지, 먼저 무엇에 대해 답변할 것인지 등으로 정리했다. 이전의 "그 일은 영업부에서 연락드릴 것입니다", "수리담당자를 보내드리겠습니다"라는 대응과 비교하여 고객들에게는 큰 변화로 받아들여졌다.

예를 들면 이전에는 상담자에게서 연락을 받은 수리담당자가 또

다시 고객에게 전화를 걸어 상황을 확인해야 했기 때문에 고객은 똑같은 설명을 몇 번씩 반복해야 했다. 또한 수리할 때 필요한 기자재를 지참하지 않아 재차 방문하여 일을 번거롭게 했다.

그러나 애프터서비스를 개선한 후에는 콜센터가 다양한 각도에서 기계의 상태와 현재의 상황을 물어본 후 수리담당자에게 전달하는 방식을 취하고 있다. 그 결과 다시 전화하거나 재차 방문하는 번거로움을 줄일 수 있었다.

또한 이전에는 실제로 고장이 아닌 경우에도 수리담당자가 직접 방문하여 고객과 E사 쌍방에 불필요한 시간을 소모한 경우가 있었는데, 개선 후에는 콜센터가 다양한 질문과 확인을 함으로써 불필요한 수리 방문이 줄었다. 이를 통해 고객은 기계의 신속한 수리로 업무를 계속할 수 있어 만족했다.

여러 차례 실시한 고객 만족도 조사에서 개선 이후 '고장이 나도 정확한 정보와 상담을 받을 수 있어 만족한다'는 결과를 얻었다. 더욱이 앞으로는 전화 대응만으로 문제를 최대한 해결하며, 수리 전 응급처치 방법을 제안한다는 방향으로 발전시키는 계획을 세우고 있다.

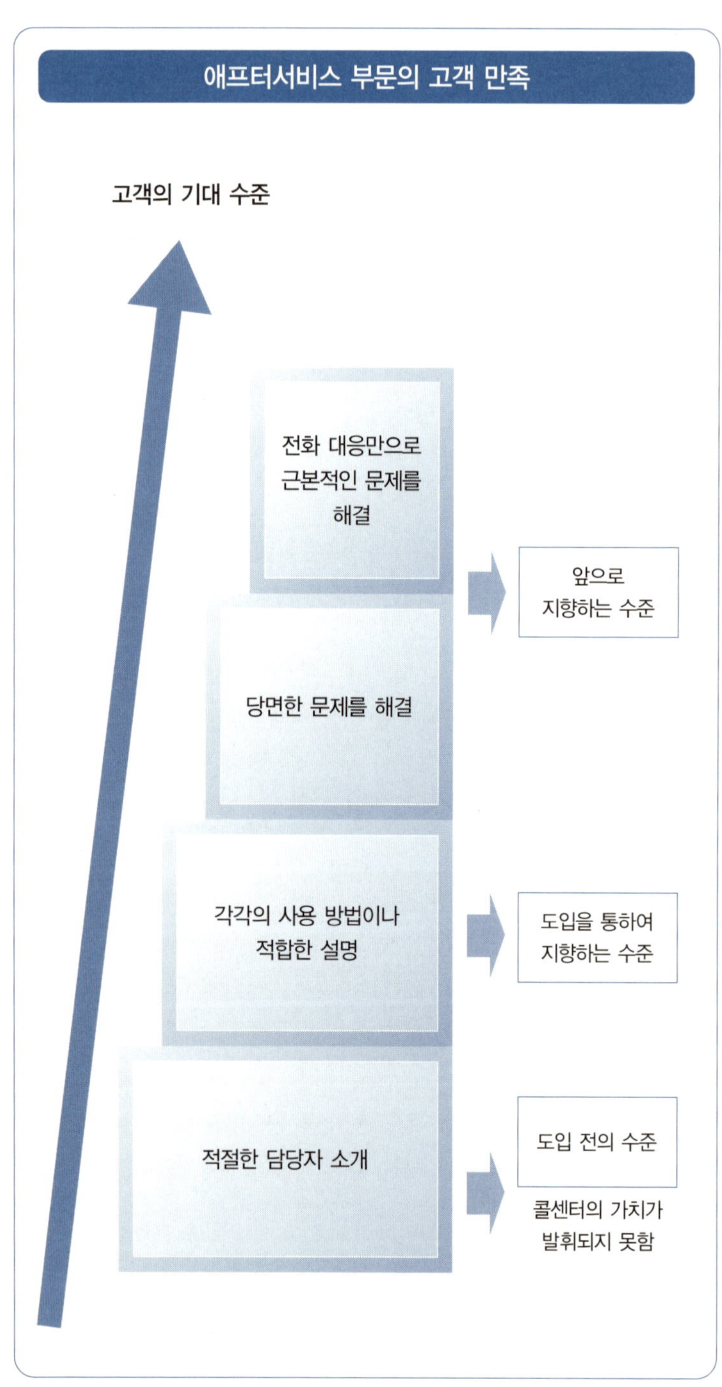

애프터서비스 부문의 고객 만족
고객의 기대 수준
전화 대응만으로 근본적인 문제를 해결
당면한 문제를 해결
각각의 사용 방법이나 적합한 설명
적절한 담당자 소개
앞으로 지향하는 수준
도입을 통하여 지향하는 수준
도입 전의 수준
콜센터의 가치가 발휘되지 못함

알아듣게 말하라

포인트

1. 알아듣도록 이야기하는 능력이 필요
2. '내 의견을 성실히 들어주었다'라고 고객이 생각할 수 있도록 경청
3. 지식이 필요한 것은 커뮤니케이션이 이루어진 이후

서비스 부문에 있어 가장 중요한 것은 커뮤니케이션이다. 커뮤니케이션의 승패가 서비스 업무의 품질에 중요한 영향을 미친다.

커뮤니케이션은 말하는 것과 듣는 것, 이 두 가지가 중심이 된다. 커뮤니케이션의 어원은 라틴어 Communicare로, 이는 '공유하다'라는 의미이다. 상대방과 공유하는 것이 중요하다는 것이다.

즉, 말한다는 것은 상대에게 전해지도록 해야 평가받을 수 있다. 그런데 무엇을 생각하고 무엇을 전하고 싶은지는 명확하게 눈에 보이는 것이 아니다. 그렇기 때문에 언어 이외의 태도와 행동인 비언어 커뮤니케이션Non-Verbal Communication을 포함한 표현 전반의 전달 기술이 요구된다.

한편 듣기는 상대의 이야기를 정확하게 파악한다는 것만으로는 불충분하다. 제대로 들어주고 있다고 상대방이 생각하게끔 경청해야 한다.

이러한 말하기와 듣기의 기술을 연마하는 것이 커뮤니케이션 능력을 높이는 것이다. 세일즈 토크와 지식의 습득만으로는 커뮤니케이션은 능숙해지지 않는다. 경청하는 자세로 상대의 욕구와 고민을 끄집어내지 않으면 지식도, 세일즈 토크도 아무런 의미가 없다. 즉 우수한 커뮤니케이션 없이 판매와 영업은 이루어지지 않는다.

'고객의 말을 이해했다', '자신은 이러한 생각으로 대응하고 있다'는 것이 고객들에게 전달될 수 있도록 표현하는 것이 중요

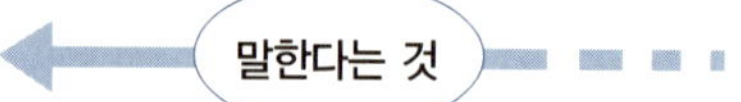

듣는다는 것

고객의 말을 수긍하거나 반복하는 것으로 공감을 표현하여 '나의 이야기를 경청하고 있구나'라는 생각이 들게 한다

고객의 문제를 완벽히 해결하라

1. 문제란 불편함만이 아니다
2. 문제 해결 프로세스를 올바르게 밟는다
3. 문제점 발견과 해결 방법의 세련화를 도모한다

고객 대응 부문의 공통적인 두 번째 포인트는 문제의 해결이다. 문제라는 것은 본래의 모습과 현재 모습 간의 격차이기 때문에 고장, 불편 등 이미 일어난 일만을 이야기하는 것이 아니다. 좀 더 쾌적하기 위해서는 어떤 서비스를 하면 좋을지와 같은 개선에 관한 것, 고객이 생각하고 있지 않더라도 앞으로 일어날 수 있다고 여겨지는 것도 문제가 된다.

문제 해결은 ① 고객의 문제 발견 → ② 고객과 문제를 공유 → ③ 고객에게 해결 방법을 제안 → ④ 고객과 해결 방안을 합의 → ⑤ 선택한 해결책을 실시 → ⑥ 문제 해결 성과를 도출한다는 프로세스로 앞서 언급한 커뮤니케이션에 근거하여 진행한다.

영업은 고객의 의뢰에서 해결에 이르기까지 일정기간을 필요로 하는 일이 많은 반면, 매장이나 콜센터는 순발력을 가지고 바로 대응해야 한다는 차이가 있다. 그러나 이러한 프로세스를 따르는 것은 공통적으로 중요하다. 프로세스를 올바르게 밟고 있는지를 확인하고 어디에 취약점이 있는지를 발견해 강화하는 것이 중요하다.

또한 고객에게 있어서 담당자는 문제 해결의 전문가로 비춰지므로 고객이 알지 못하는 문제를 파악하고 고객의 입장이 되어 세련된 해결 방법을 제안할 수 있도록 개선해야 한다.

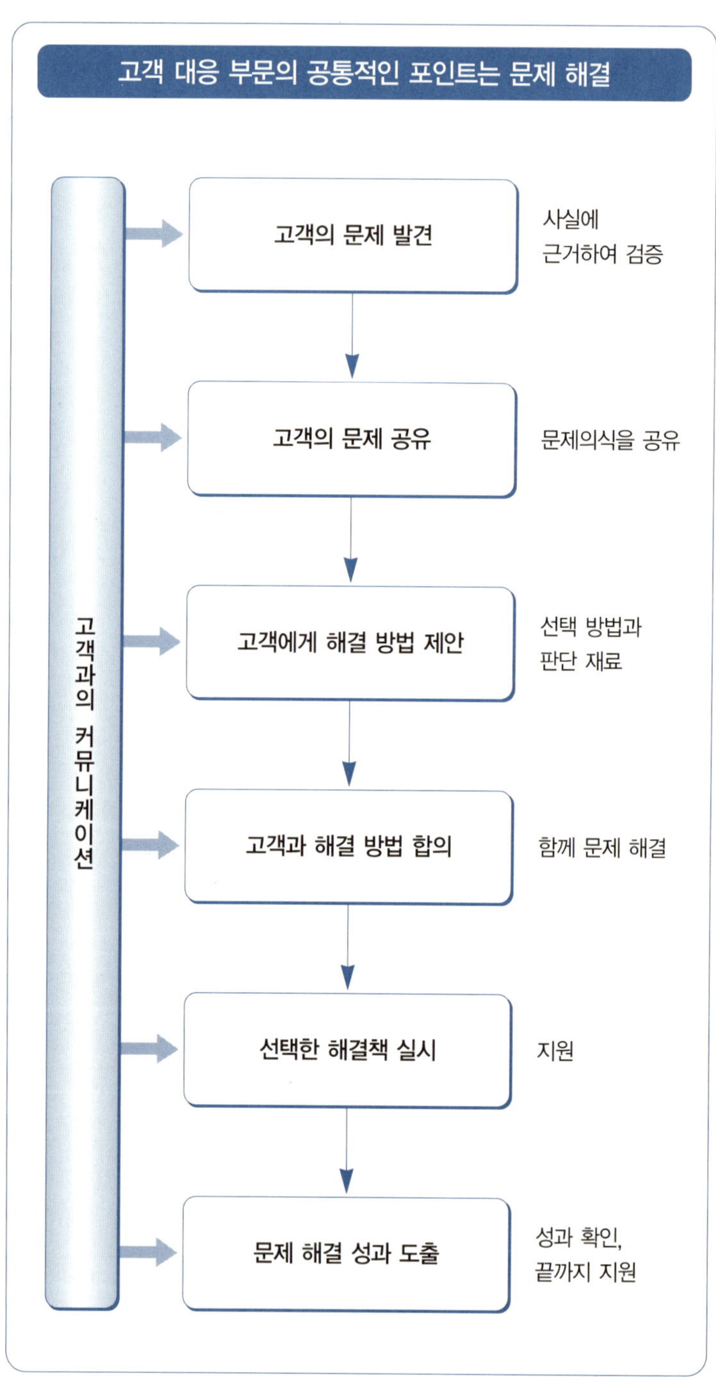

고객 대응 부문의 공통적인 포인트는 문제 해결
고객과의 커뮤니케이션
고객의 문제 발견
사실에 근거하여 검증
고객의 문제 공유
문제의식을 공유
고객에게 해결 방법 제안
선택 방법과 판단 재료
고객과 해결 방법 합의
함께 문제 해결
선택한 해결책 실시
지원
문제 해결 성과 도출
성과 확인, 끝까지 지원

비영업부서의 핵심은 고객

비영업부서는 영업, 콜센터, 애프터서비스에서 1차로 고객과 대응한 결과를 기준으로 서류를 발송하고, 결과를 조사해서 회답 내용을 피드백하는 업무를 한다. 직접 고객과 마주하는 일이 없기 때문에 서비스 업무를 수행한다는 의식이 낮은 경우가 많지만 비영업부서도 서비스 업무를 하고 있다.

예를 들면 신청서 또는 확인서, 청구서 등의 용지는 고객에게 있어서 기업과의 중요한 접점이다. 비영업부서는 그 아웃풋을 고객에게 전달하므로 중요한 접점을 담당하고 있다는 역할 인식을 해야 한다.

서류에 착오는 없는지, 희미한 글자나 더러운 부분은 없는지, 도착이 늦어지지 않았는지, 개인정보가 누설되지 않았는지, 고객의 기분을 상하게 하는 내용이 포함되어 있지는 않은지 등을 검토하여 서비스해야 한다.

또한 1차 서비스 업무와 비영업부서의 업무가 잘 이루어지지 않는 경우가 종종 있다. 알력이 생겨 한쪽이 다른 쪽에게 의견을 말할 수 없는 상태에서는 고객에게 도달되는 품질이 최고일 수 없다. 고객의 입장에서 대립이 아닌 연대를 강화하고 품질 향상을 도모하여 업무를 향상시켜 나가야 한다.

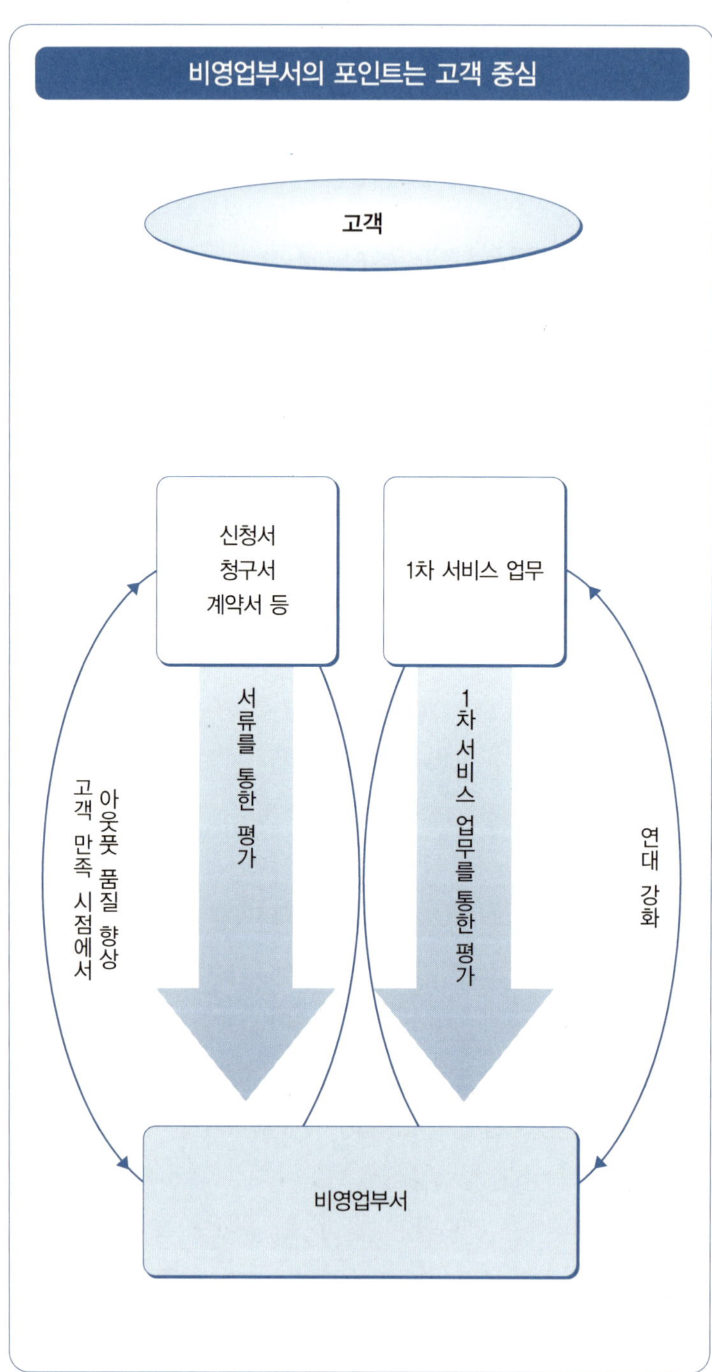
비영업부서의 포인트는 고객 중심
고객
신청서
청구서
계약서 등
1차 서비스 업무
서류를 통한 평가
1차 서비스 업무를 통한 평가
아웃풋 품질 향상
고객 만족 시점에서
연대 강화
비영업부서

아웃소싱의 포인트는 윈-윈

포인트

1. 고객 중심으로 상호 간의 경쟁력 강화로 이어간다
2. SLA를 잇는다
3. 장기적인 시점으로 레벨 향상을 관리를 한다

서비스 업무를 아웃소싱할 때 전부 위임하면 제대로 진행되지 않는다. 전문가이기 때문에 신속하고 확실하게 할 수 있다는 지나친 기대를 가져서도 안 된다.

콜센터의 경우 위탁부서는 운영 노하우와 동종업 간의 운영 경험은 있지만 그 기업 고유의 고객을 제대로 알지는 못한다. 고객에 관한 지식은 해당기업이 가장 잘 알고 있다. 따라서 고객이 보다 큰 만족을 얻기 위해서는 양측이 협동해야 한다. 이것이 가능해지면 위탁한 부서와 위탁 받은 업체 양자의 경쟁력 강화로 이어진다. 이를 위해 어떠한 시점에서 어느 정도의 서비스 수준으로 업무를 수행할 것인지를 정해 추진해 가야 한다. 이것을 SLA(Service Level Agreement, 서비스 수준 협약)라고 부른다.

또한 단기적 계약으로 업무의 달성도를 평가해 좋지 않으면 곧바로 다른 업체로 변경해서는 서비스 품질을 높일 수 없다. 아웃소싱 업체 선정은 신중하게 한 후, 선정이 되면 장기적인 시점을 가지고 수준을 높여나가는 관리가 필요하다.

고객을 중심으로 생각하여 위탁업체와 위탁부서 간의 역할을 명확히 하고 상호 간의 수준을 높이는 것이 중요하다.

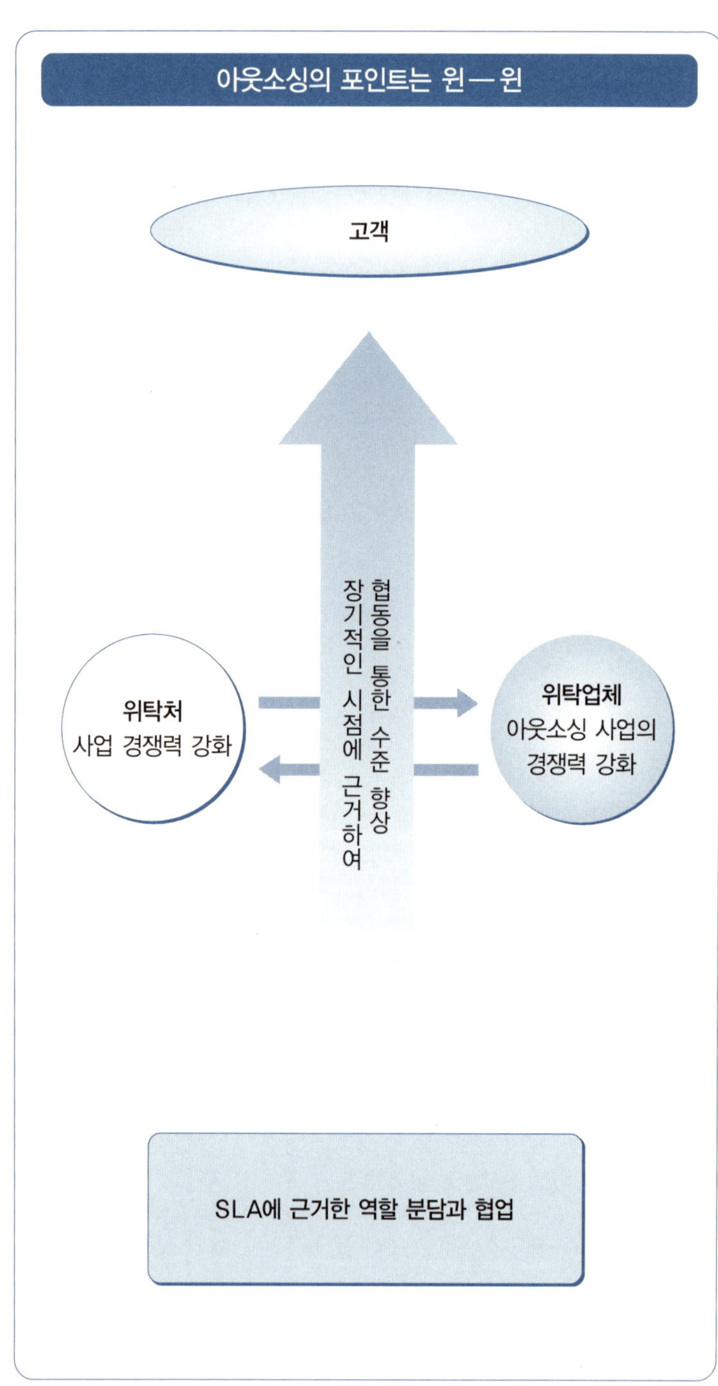
아웃소싱의 포인트는 윈―윈
고객
위탁처
사업 경쟁력 강화
위탁업체
아웃소싱 사업의
경쟁력 강화
협동을 통한 수준 향상
장기적인 시점에 근거하여
SLA에 근거한 역할 분담과 협업

택시에 대한 기대

얼마 전 택시를 탔을 때의 일이다.

택시 운전사의 첫인상은 좋았지만 목적지를 이야기해도 잘 몰라서 가면서 계속 길을 알려주어야 했다. 또한 운전도 매우 난폭하여 정지할 때 천천히 브레이크를 밟지 않고 그대로 '끼익'하고 멈추는 것이었다. 그때마다 나는 앞으로 튀어나갈 뻔했다. 목적지에 도착하기까지 수십 번 이렇게 브레이크를 밟았기 때문에 차멀미가 날 것 같았다. 운전이 너무 난폭해서 차분히 타고 있을 수가 없었다. 또한 전체적으로 운전이 무척 서툴렀다.

택시는 단지 어느 지점 간을 이동하면 되는 것이 아니라 쾌적하고 안전하게 이동하는 공간을 제공해야 하며, 이것이 고객들이 택시에 기대하는 서비스 품질이다. 고객이 요구하는 것은 밝은 지리와 안전한 운전 기술, 그리고 이에 더해 친절한 언어 사용과 매너이다.

타회사와의 차별화 전략으로 친절한 언어 사용과 매너를 내세울 수도 있으나 프로 운전사라면 먼저 지리에 밝고 안전하게 운전하는 것 등 업무의 기본적인 품질을 갖춰야 할 것이다.

6장

서비스 품질 향상을 위한 클레임의 활용

클레임이란?

1. 클레임의 정의를 공유한다
2. 품질의 하락이 클레임의 근본 원인
3. 어디까지나 '고객의 입장에서 본 하락'이라는 시점이 중요

클레임과 고충은 엄밀히 말해서 다른 것이며 분류해서 사용하는 기업도 많지만 이 책에서는 클레임과 고충을 같은 의미로 사용하고 있다.

클레임은 '회사의 모든 사람이 바르게 대처하지 않으면 안 되는 고객의 불만'이라고 할 수 있다. 그런데 문제는 기업 측이 파악한 불만만 클레임으로 여겨진다는 점이다. 기업은 고객이 의사 표현을 하지 않은 불만은 클레임으로 파악하지 못하고 있다.

불만은 품질의 하락에 의해서 생겨나 고객이 의사표시를 하고, 기업 측이 알아차림으로써 비로소 클레임으로 접수된다. 즉 고객의 입장에서 본 품질의 하락이 클레임의 원인이라는 것이다. 아무리 회사의 품질 기준이 일정 수준을 유지한다 할지라도 고객에게는 의미가 없다.

고객이 인식하고 기대하는 품질을 만족시키지 못하면 클레임이 되는 것이다. 이러한 점을 오해하고 있기 때문에 클레임 대응에 어려움을 겪는 경우가 많다.

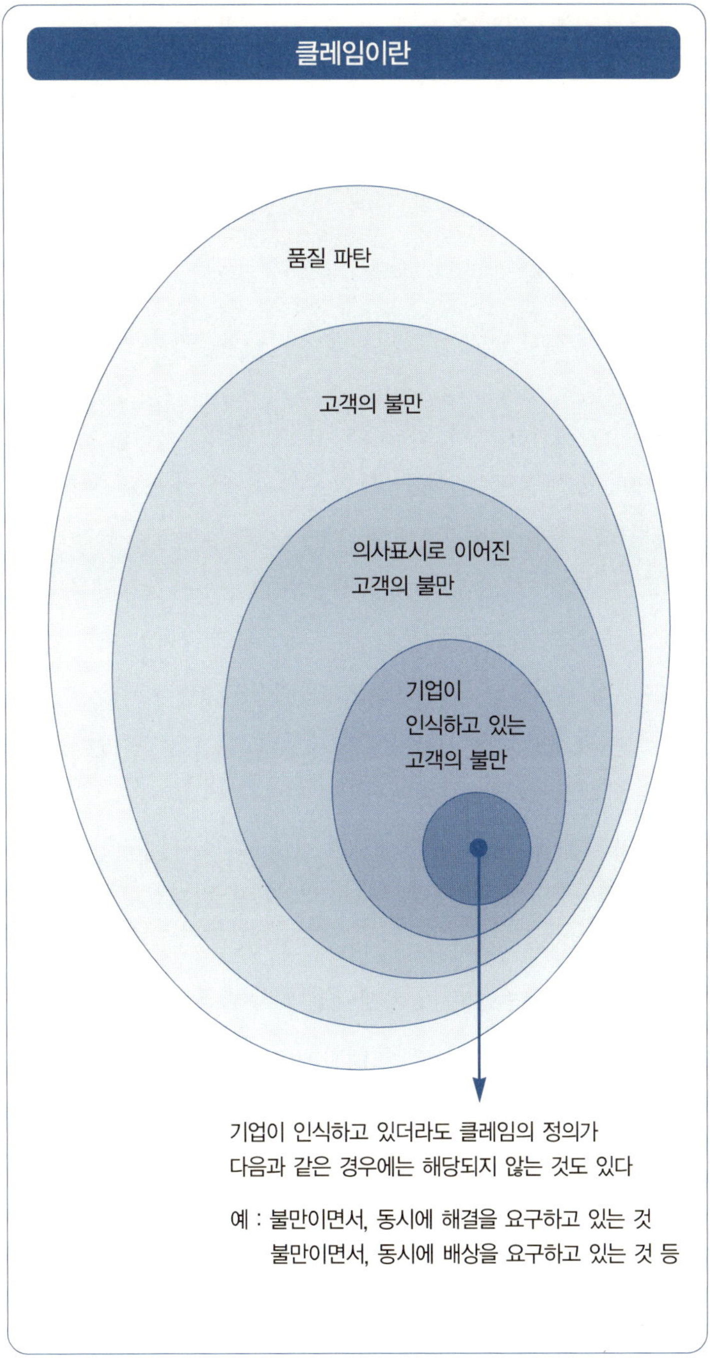
클레임이란
품질 파탄
고객의 불만
의사표시로 이어진
고객의 불만
기업이
인식하고 있는
고객의 불만
기업이 인식하고 있더라도 클레임의 정의가
다음과 같은 경우에는 해당되지 않는 것도 있다
예 : 불만이면서, 동시에 해결을 요구하고 있는 것
불만이면서, 동시에 배상을 요구하고 있는 것 등

클레임 대응이 바로 서비스!

포 인 트

1. 여러 가지 요소로 클레임 대응의 난이도가 좌우된다
2. 서비스 업무에서 발생하는 클레임 대응의 어려움을 인식한다
3. 클레임 대응 그 자체가 서비스 업무이다

클레임을 해결하는 데 따르는 어려움은 여러 가지 요소에 의해 좌우된다. 특히 서비스 업무는 사실 확인과 조사가 곤란하다. 제품의 불량으로 인한 클레임과는 달라서 대응의 난이도가 높다. 또한 서비스 업무 안에서도 고객 응대, 상담 등의 경우는 고객과 기업 양측 모두 확실히 확인할 자료가 없기 때문에 객관적일 수가 없다. '말했다, 하지 않았다'와 같은 사실 관계라면 확인이 가능하지만, '불성실한 태도로 말했다, 쌀쌀맞게 대했다' 등은 감정적인 문제이므로 특히 대응하기가 어렵다.

그렇기 때문에 클레임이 발생하기 전에 고객이 기대하는 품질을 어떻게 실현해 나갈 것인지를 정해야 한다. 말할 필요도 없이 클레임 대응도 서비스 업무이기 때문이다.

그러나 다른 업무와 달리 클레임 대응 방법을 연구해서 규정해 둔 기업은 지극히 적다. 또한 클레임 대응의 매뉴얼이 존재하더라도 적극적으로 활용하거나 새로운 내용으로 업그레이드하는 기업도 많지 않다.

클레임 해결의 프로세스와 그 후의 개선 프로세스를 서비스 업무의 하나로 확립해 갈 필요가 있다.

■ 클레임 대응의 난이도를 좌우하는 일반적인 요소

- 사실 확인과 조사의 어려움 ···말했다, 하지 않았다, 시간의 경과 등
- 복잡하고 복합적인 내용 ···여러 가지 불만, 관련 없는 불만 등
- 고객 타입의 차이 ···냉정 → 흥분, 온화함 → 거침 등
- 복수의 고객이 관여 ···일관성 없음, 상호 자극, 과장 행동형 등
- 사회적 약자 ···차별, 멸시를 당했다는 입증하기 어려운 주장
- 불상사 직후 ···불신감이 전제됨 등
- 의사 불분명 ···용건이 불명확함, 이유 없이 귀찮게 함 등

■ 제품 불량으로 인한 클레임

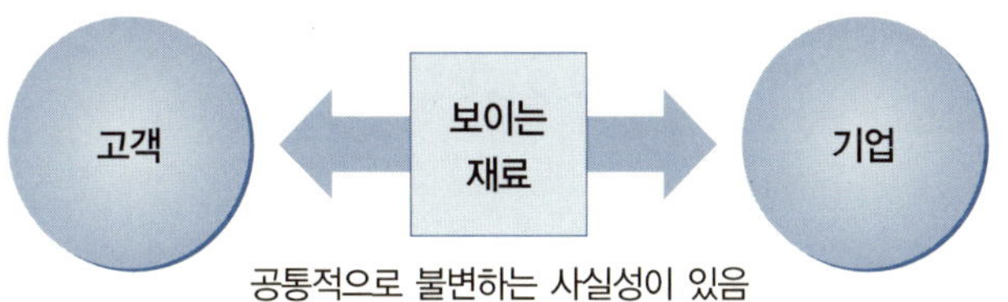

공통적으로 불변하는 사실성이 있음

■ 서비스 업무에 있어서의 클레임

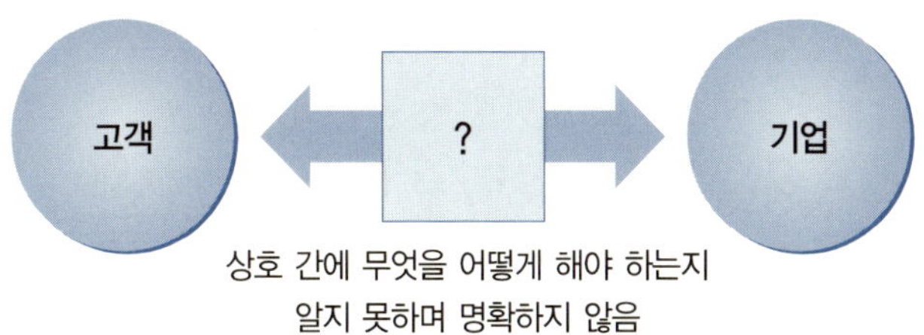

상호 간에 무엇을 어떻게 해야 하는지
알지 못하며 명확하지 않음

고난이도 클레임의 증가

기업의 서비스 업무담당자들과 이야기하다 보면 클레임건수가 늘고 있다는 말과 함께 고객의 요구 수준이 점점 높아지고 있다는 말을 듣는다. 예전 같으면 성심성의껏 대함으로써 해결됐던 문제도 지금은 고객이 좀처럼 납득하지 않는다는 것이다.

과연 그 이유는 무엇일까? 기업은 예전과 같이 제품을 만들고 업무를 수행하여 서비스를 제공하고 있을 것이다. 그렇다면 고객이 변한 것일까? 아니다. 정확하게 말하면 기업과 고객의 관계가 근본적으로 변했기 때문이다.

이제까지 고객들은 기업에 대한 신뢰와 믿음이 있었다. 하지만 많은 기업의 부패가 드러나면서 그 신뢰가 무너져버렸다. 극단적으로 이야기하면 기업에 대한 고객의 불신감이 크기 때문에 기업과의 견해 차이가 뚜렷해진 것이다.

앞으로는 신뢰감에 의지하는, 즉 고객에게 의존하는 클레임 대응은 통하지 않는다. 고객의 불만에 정성껏 귀 기울여 해결하기 위해서는 클레임에 대응하는 프로세스를 다시 구축해야 한다. 불만에 정성껏 귀 기울인다는 것은 단지 사과를 한다거나 고객을 회유한다는 것이 아니다. 기업이 책임감을 가지고 불만의 원인을 규명하고, 재발 방지를 위해 노력해야 하는 것이다.

1) 어떻게 대응해도 납득하지 않는다
- 사과나 종래의 대응 방침으로는 납득하지 않는다
  〔고객〕 사과하지 않아도 좋으니 약속한 대로 이행해 주길 바란다
         왜 이런 서비스를 해주지 않는지 도대체 이해가 안 된다
- 기업 측의 설명을 극단적으로 싫어한다
  〔고객〕 그것은 기업 측의 입장이기 때문에 나는 절대로 양보할 수 없다
         다른 회사도 똑같다는 것은 어떠한 변명도 되지 않는다
         기업의 주장은 이론적으로 모순이 있기 때문에 납득할 수 없다
- 표면적인 원인에 대한 설명을 납득하지 않고 철저한 원인 규명, 재
  발 방지를 요구한다
  〔고객〕 다시 실수하지 않겠다고 하지만 구체적으로 어떤 대책을 세우
         고 있는가?
         만약 그러한 이유 때문이라면 재차 똑같은 일이 발생하지 않
         는다는 보장이 있는가?

2) 문제 확대
- 문서로 회답을 요구
- 대화를 녹음하여 기록
- 소비자보호원에 신고를 하겠다는 위협
- 담당부서와 직접 연결시켜 달라는 요구
  (콜센터 등의 클레임 전용 창구에 대한 조직구조 이해에 근거하여)
- 인터넷 사이트에 공개하겠다는 협박 등

3) 결과적으로 문제 해결에 장시간 소요됨으로써 담당자의 심리적 부담이 커진다
담당자 한 명으로는 대응이 불가능하기 때문에 상사나 타부서의 지원
이 필요하다
고객과의 대화로 인해 피로와 스트레스가 증가한다

양적 비율	요주의 클레임	증가 경향	→	비교적 대응이 용이한 클레임

심리적 비율	요주의 클레임	비교적 대응이 용이한 클레임

고난이도 클레임은 건수가 적어도 심리적인 부담이 크다

고객의 논리적인 클레임

고난이도 클레임이란 어떤 것인지 다음 페이지의 표를 보자.

여러분이 고객이었다면 일이 이런 식으로 전개되지 않았을지 모른다. 그러나 자신의 판단과 행동 기준에 근거하여 클레임을 이해하려는 것은 아무런 도움이 안 된다. 고객은 여러 타입이 있으며 클레임이 여러 가지 생각과 입장에서 발생한다는 것을 알아야 한다.

이런 경우 고객이 조금 억지스럽다고도 할 수 있지만 고객은 확실한 일관성을 가지고 주장하고 있다. 은행 측은 고객의 논리적인 주장에 대해 납득할 만한 설명을 못하고 있다. 이런 클레임은 매우 번거롭지만 오히려 서비스에 대한 지식 습득에 많은 도움이 된다. 이를 기회로 다음과 같은 것들을 생각해 볼 필요가 있다.

- 클레임에 관한 회사의 규정은 무엇인가
- 고객에게 규칙을 알려주기 위한 자료가 있는가
- 고객에게 설명하기 어려운 규칙은 없는가
- 매장의 클레임 대응 태도와 자세, 판단 순서에 문제는 없는가

고객을 클레이머(Claimer, 불평불만을 가진 사람)라고 단정 짓는 것은 간단하다. 그러나 논리적인 클레임은 고객이 기업을 대신해서 신중히 생각하고 조사를 충분히 한 후 행하는 경우가 많고 결과적으로 기업에 도움이 되는 경우도 많다.

다음은 실제 사례를 요약한 것이다

어느 클레임의 경위
◇ 대여금고를 이용하기 위해 집 근처의 은행에 갔다
◇ 은행에서 이하의 조건 중 어느 한 가지를 충족시키지 못하면 대여금고를 이용할 수 없다는 설명을 들었다
- 월급 자동이체구좌로 지정한다
- 공공요금의 자동이체구좌로 지정한다
- 정기적금을 신청한다
- 신용카드를 만든다
◇ 고객은 대여금고만 이용하고 싶다

이전에는,
◇ 음. 어쩔 수 없지.
◇ 다른 은행도 똑같겠지.
◇ 신용카드라면 연회비도 많지 않으니 하나 만들까?

그런데 논리적 클레임은
◇ 이러한 조건은 회사 규정인가? → 규정이다.
◇ 규정이라면 그것이 기재된 자료를 보여 달라.
   → 특별히 기재된 것은 없다.
◇ 이 은행은 아무것도 쓰여 있지 않은 것도 규정이라고 말하나?
   → 아니다. 그것은…….
◇ 다른 규정도 문서로 되어 있는가?
   → 문서로 되어 있다.
◇ 그럼, 대여금고에 관해서는 문서로 되어 있지 않은 이유가 무엇인가?
   → 저…….
◇ 당신의 설명을 규정이라고 믿을 수 없다. 고객을 선별하는 것은 은행의 자유지만, 고객에게 설명조차 제대로 못하는 것은 문제가 있다.
   → 그건…….
결국, 고객과의 논쟁에서 은행 측은 모순을 인정했다.
   → 은행 측은 고객에게 이번만큼은 대여금고만 이용해도 괜찮다는 회답을 했다. 그러나 규정이 없으므로 이번에도, 다음에도, 그리고 다른 고객들에게도 마찬가지로 대여금고를 빌려주어야 하지 않을까?

처리 프로세스의 포인트

포인트
1. 기본적인 두 가지 프로세스
2. 논리적 클레임의 대응에는 특유의 포인트가 있다
3. 필요한 능력은 조직적으로 높여 갈 필요가 있다

그렇다면 급증하는 논리적 클레임에 대해서 어떻게 대응해야 할까? 클레임 대응에는 크게 분류하여 두 가지 프로세스가 있다.

첫 번째는 불만과 클레임에 대해 그 고객에게 직접 해결해 주는 처리 프로세스이다. 두 번째는 그 후의 불만과 클레임의 재발을 미연에 방지하는 프로세스로써 이것은 다음 항목에서 설명하기로 한다.

처리 프로세스는 기본적으로 경청(불만 및 요망 파악)→사실 파악과 조사→사죄→해결책의 제시 및 실시→심리적인 보상이라는 흐름으로 구성되어 있다. 그중에서 고객 대응 시의 유의점과 금기사항 등은 많이 소개되고 있다.

이들 프로세스나 유의점은 논리적 클레임 대응에도 공통적으로 통용되지만 논리적인 클레임의 유의점보다 더욱 철저히 살펴봐야 한다.

예를 들면 고객이 고심해서 질문한 사항에 대해 종업원이 대수롭지 않게 "예, 그렇군요"라고 간단히 대응해 버려 결과적으로 고객에게 불쾌감을 준 경우도 종종 있다.

논리적인 클레임 대응에는 다양한 기술이 필요하다. 이러한 능력을 처음부터 갖춘 사람은 없을 것이다. 담당자들은 조직적으로 이러한 클레임 대처 능력을 높여가야 한다.

■ **처리 대응의 기본적인 유의점**

- 고객이 기다리지 않게 신속히 대응한다
- 고객을 안심시키고 자신도 침착하게 대응한다
- 고객의 주장을 잘 듣고 말을 끊지 않는다
- 바른 태도와 말을 사용한다
- 적절한 반응을 보이면서 듣는다
- 기업 측의 논리를 강하게 주장하지 않는다
- 직설적으로 반론하지 않고 자존심을 건드리지 않는다
- 적절하게 사죄한다
- 고객의 요구를 쉽게 수락하지 않는다

■ **처리 프로세스**

1) 논리적 클레임을 하는 고객은 명확하지 않은 발언이나 정확하지 않은 설명을 그냥 지나치지 않는다
2) 먼저 클레임의 내용을 정확히 이해해야 한다
   - 불만의 대상 및 정도
   - 근거가 되는 사실 또는 배경
   - 요구 내용
     실리적인 요구 : 금전, 계약 이행, 해약 등
     심리적 요구 : 사죄, 재발 방지책 제시 등
3) 서로 오해 없이 확인한다
   - 전화의 경우 간결하게 전하고 합의한다
   - 문서의 경우 빠짐없이 정리한다
4) 애매모호한 점은 즉시 답하지 않는다
   - 말꼬리나 빌미를 잡히지 않는 것이 정석이다
   - 직감만으로 답변하는 것은 위험하다

■ **논리적 클레임에 필요한 능력**

- 빠른 전개, 복잡한 구조에 대처할 수 있는 논리적 사고력
- 고객과의 대화에서 이기겠다는 마음이 아니라 고객이 납득할 수 있도록 유도하는 인내력
- 기본이 되는 업무 지식
- 일반적인 법률 지식 등

개선 프로세스의 포인트

클레임을 처리한 것만으로 끝내면 반드시 재발한다. 그렇기 때문에 개선 프로세스가 중요하다. 그러나 많은 기업이 클레임에서 개선으로 이어지는 체계적인 시스템을 가지고 있지 않다. 클레임은 고객이 신중하게 보낸 신호이기 때문에 기업은 이를 통해 배워가야 한다.

조직적으로 기능하지 않는 것뿐만이 아니라 클레임 개선을 방해하는 사고방식이 존재하는 경우도 있다. 예를 들면 '몇 명의 고객이 그렇게 말하고 있다', '단 한 건의 클레임으로 일을 바꾼다면 끝이 없다'와 같이 클레임을 양적으로 판단하는 사고방식이 여기에 속한다. 개선을 위한 노력은 언제든지, 누구라도 해야 하는 것이다.

고객 한 사람의 클레임이라 할지라도 진지하게 받아들이는 자세가 없다면 그 기업은 품질 하락을 피할 수 없고 클레임은 재발한다. 제품 불량에 대해서는 한 건의 클레임이라도 신속하고 철저하게 대응하는 기업이 서비스 업무의 클레임은 그대로 방치하는 경향이 있다.

결국 눈에 보이는 것만 생각하는 사고방식이 문제이다. 고객의 입장에서는 제품의 클레임이든 서비스의 클레임이든 결국 품질 하락을 호소하고 있다는 것을 명심해야 한다.

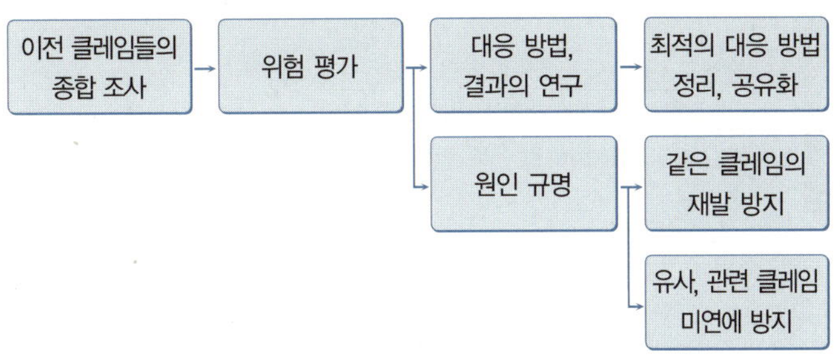

■3가지 개선 방향

① **최적의 대응 방법 정리 및 공유** : 똑같은 클레임을 받았을 때를 대비해 클레임 처리에 있어서 이전의 경험을 통한 최적의 대응 방법을 연구하여 대비하려는 행동

→ 콜센터, 고객 상담실 등 전문부서에서 도입

② **같은 클레임의 재발 방지** : 같은 대상과 원인으로 인한 클레임의 재발을 방지하려는 행동

→ 같은 클레임은 감소 또는 근절이 가능함

→ 그 외의 클레임 발생을 방지할 수 있음

③ **유사, 관련 클레임을 미연에 방지** : 대상은 다를지라도 같은 원인으로 충분히 일어날 수 있는 클레임을 미연에 방지하려는 행동

→ 여기까지 가능하다면 클레임을 활용하고 있다고 말할 수 있음

■ 위험 평가 사고방식

클레임을 다음과 같이 분류하여 포지셔닝한다

「허용」이라면 위의 ①의 개선 방향이 중심이 된다

「제거」라면 위의 ②와 ③의 개선 방향이 중심이 된다

「회피, 퇴각」에 해당되는 클레임인 경우 서비스 업무를 그만둬야 한다

처리와 개선의 착실한 수행

포인트

1. 클레임 대응 시스템의 체계적 구축은 기업의 책무
2. 기본 원칙은 어떤 기업·사업에서나 공통
3. ISO10002도 하나의 선택 방법, 참고 자료로 활용

처리 프로세스와 개선 프로세스의 중요성은 앞서 여러 번 언급했다. 이 두 가지 프로세스가 지속적으로 기능하기 위해서는 체계적으로 확립되어 있어야 한다.

이를 체계적으로 구축하기 위해 고충 서비스 업무에 중점을 둔 ISO10002(고객 만족 불만 대응 원칙에 대한 글로벌 표준규격)의 취득을 추진하는 기업이 늘고 있다.

자신의 기업 및 조직에 고충 대응에 대한 방안이 없거나, 있더라도 형태뿐이거나 불충분한 경우에는 ISO10002를 활용하는 것도 하나의 방법이다.

책임 있는 기업이라면 확실한 클레임 대응 시스템을 체계적으로 구축해야 한다.

■ ISO10002에 의한 고충 대응 프로세스의 기본 원칙

기본 원칙

내용의 예

기본 원칙
일반
공개성
접근 용이성
응답성
객관성
요금
기밀 유지
고객 중시의 접근
설명 책임
지속적인 개선

공개성

고충 상담 방법 또는 고객 상담실에 대한 정보는 고객이나 여러 이해관계자에게 널리 공개하는 것이 바람직하다
→ 자사의 어느 부서가 고객 상담실의 역할을 하고 있는지를 명확하게 공개하지 않는 사례가 많다

고객 중시의 접근법

조직은 고객 중시의 접근법을 적용하여 고충을 포함한 피드백을 적극적으로 도입하고 스스로 고충 해결에 관여하는 것이 바람직하다

※참고: 일본규격협회 발행
『품질 매니지먼트 – 고객 만족 – 조직을 위한 고충 대안 지침 JIS Q 10002: 2005 (ISO 10002: 2004)』

약국의 불친절한 처방전 접수

제대로 된 서비스를 제공하지 않아 발생한 여러 클레임 사례를 살펴보자.

● 경위

고객이 종합병원서 처방전을 받았다. 종합병원 근처의 조제약국은 혼잡하여 집으로 돌아와 근처에 있는 약국으로 갔다.

약사 : 이 약은 종합병원 근처의 약국이라면 있겠지만 우리 약국에는 재고가 없습니다.

고객 : 급하지 않으니까 주문 좀 부탁할게요.

약사 : 그렇지만 종합병원 근처의 약국이라면 금방 사실 수 있을 텐데요.

고객 : 가기 어려워서 그러니까 주문 좀 해주세요.

약사 : 그렇지만…….

고객 : 주문 예약이 안 되는 건가요? 그럼, 됐어요.

● 그 후의 상황

고객은 화가 풀리지 않아 구청에 전화해서 그 약국 담당부서와 통화했다. 그 결과 약국은 어떤 의료기관의 처방전이라도 접수받아야 한다는 규정이 있음을 알게 되었다. 그래서 고객은 행정기관에 고충을 이야기하고 엄중히 지도해 줄 것을 요구했다. 그 약국은 행정기관에서 엄중히 지도받아 고객에게 사과하고 문제가 해결되었다.

● **사례의 포인트**

이런 규정위반이 클레임의 대상이 되어 마땅하다고 생각하는가 아니면 고객이 너무 지나치다고 생각하는가? 위 사례처럼 규정위반은 접어두더라도 본분을 상실하거나 일처리를 대충하는 경우가 자주 발생하고 있다. 담당자 모두가 규정을 숙지하고 일관되게 대응하고 있는지가 의문이다.

● **포인트**

• 규정위반은 변명의 여지가 없으며 그에 따른 손해도 크다.

• '규정위반은 일어나지 않는다'는 생각은 과신이다.

◆처리 프로세스의 확인

• 고객과 문제가 일어났을 때의 지원규정을 명확히 한다.

• 담당자의 판단과 행동 기준(법령준수와 서비스의 유의점 등)을 명확히 하여 철저히 교육한다.

◆개선 프로세스의 확인

• 모두가 알고 있어야 할 규정을 정리한다.

• 정기적으로 체크하여 프로세스가 구축되도록 한다.

• 고객이 규정을 볼 수 있게끔 게시한다.

백화점의 고급 가방 수리 문제

● 경위

한 고객이 3개월 전에 200만 원을 주고 백화점에서 천연가죽 가방을 구입했다. 그런데 2, 3번 정도 사용하자 가방의 표면에서 실이 삐져나왔다. 고객은 불량품이라고 생각해 구입한 백화점으로 들고 갔다. 백화점 측에서 "이것은 소재 특성상 그런 것으로 불량품은 아닙니다. 그렇지만 일단 조사해 보겠습니다"라고 하여 일주일 후에 한 번 더 찾아가기로 했다.

재차 백화점을 찾은 고객과의 대화

고객　 : 200만 원이나 하는 가방에서 실이 삐져나오다니 분명히 불량품이에요. 교환하더라도 똑같은 일이 생길지 모르니 환불해 주세요.

담당자 : 조사해 보니 이것은 가공했을 때 사용한 실이었습니다. 천연소재를 가공한 가방이기 때문에 이런 게 나올 수 있습니다. 불량품이 아니기 때문에 환불은 해드릴 수 없고 교환도 어렵습니다. 그렇지만 무상으로 수리해 드리겠습니다.

고객　 : 불량품이라고 인정하지 않으면 방법이 없네요. 제 가방 돌려주세요. 잘 아는 친구한테 한 번 알아볼게요.

담당자가 문제의 가방을 가져왔지만 실은 보이지 않았다.

담당자 : 고객님이 맡기신 가방은 잘 수리됐습니다. 이제 아무런 문제가 없습니다.

고객 : 수리라고요? 그러니까 실을 잘랐다는 건가요?

담당자 : 네. 실을 잘랐습니다.

고객 : 전 수리를 의뢰한 적이 없는데요. 수리의뢰서나 접수증이 있나요?

담당자 : 접수증은 없습니다.

고객 : 내가 의뢰하지도 않았는데 왜 마음대로 그렇게 한 건가요? 불량품도 아닌 상품을 상처를 낸 것이나 다름없잖아요. 변상하세요.

담당자 : 상처를 낸 건 아니죠. 고객님. 고객님께서 신경을 쓰고 있었기 때문에…….

고객 : 나는 불량품이라고 생각해서 맡겼어요. 불량품이 아니라면 손을 대서는 안 되죠!

담당자 : …….

고객 : 불량품인지 아닌지 확실히 밝혀지지도 않은 상품에 증거를 없앤 것이나 마찬가지잖아요. 그렇지 않다면 불량품도 아닌 가방에 마음대로 상처를 냈으니 책임지세요. 환불해 주세요.

담당자 : 즉시 책임자와 상담해 보겠습니다.

잠시 후 매장책임자가 나와서 대응

책임자 : 고객님께 오해를 불러일으킬 수 있는 대응을 해서 정말 죄송합니다. 원하시는 대로 환불해 드리겠습니다. 그런데 저희가 증거를 없애려고 그런 것이 아니라 선의를 가지고 실을 잘랐다는 것을 이해해 주십시오.

고객　　: 환불해 주면 그걸로 됐어요. 선의였든 아니든 상관없어
　　　　요. 불량품을 팔고 마음대로 수리하고서 그런 식으로 말
　　　　하면 안 되죠.

결국 환불하기로 했다.

● 사례의 포인트

이번 경우는 고객이 좀 심하다고 생각하는 사람이 있을 수도 있
다. 그러나 이런 종류의 클레임이 점점 늘어나고 있다. 실을 마음대
로 자른 것은 돌이킬 수 없는 판단착오다. 또한 선의였기 때문에 용
서받을 수 있을 것이라고 생각한 것도 기업 측의 일방적인 착각이
다. 고객은 어찌 됐든 불량품이라고 생각하고 있으므로 선의를 강
조하는 것은 고객과 자사와의 관계를 잘못 판단한 것이다.

● 포인트

• 신뢰를 전제로 클레임을 해결해서는 안 된다.

• 직원 개개인은 클레임 대응에 있어서 신중해야 한다.

◆ 처리 프로세스의 확인

• 경청과 고객 기대 파악의 순서를 철저히 한다.

◆ 개선 프로세스의 확인

• 클레임 대응의 순서 명확화(접수 → 조사 → 회답의 방법)

• 수리 접수, 수리 업무 규정을 철저히 한다.

휴대전화 수리 대응 시의 문제

● 경위

구입한 지 1개월 된 휴대전화가 갑자기 고장이 나서 구입한 매장에 들고 갔다. 매장에서는 원인을 조사하기 위해 수리부서에 보내기로 하여 일주일 후에 다시 방문해 달라고 했다.

재차 휴대전화 매장을 방문했을 때의 대화

고객　:구입한 지 한 달밖에 안 됐으니까 무상 수리해 주세요.

담당자:이 휴대전화의 경우 고장 원인이 물에 빠뜨려서 그렇게 되었기 때문에 사용상의 과실로 유료 수리 대상입니다. 그리고 물에 빠뜨린 경우는 사실상 수리가 불가능합니다.

고객　:물에 빠졌다고요? 그런 일은 전혀 없었는데요.

담당자:그렇지만 이 휴대전화에는 확인 씰이 내장되어 있는데 그 씰은 물에 젖으면 변색되거든요. 분명 물에 젖었든지 아니면 습도가 높은 곳에 방치했기 때문에 씰이 변색된 것 같은데요.

고객　:그런 씰이 확실한 증거가 되나요? 제가 들고 왔을 때 그 자리에서 휴대전화를 열고 확인했다면 믿겠지만 그 쪽이 수리부서에 들고 가서 전화커버를 열었잖아요. 그러다 씰을 젖게 했을 수도 있잖아요.

담당자:아닙니다. 그런 일은 절대 없습니다. 믿어 주세요.

실랑이가 계속된 결과, 이번은 무상 수리라고 결론지었다.

● 사례의 포인트

이 사례의 경우, 고객이 클레이머이기 때문에 무상으로 수리해 주어서는 안 된다고 생각할 수도 있다. 그러나 여기서 중요한 점은 기업과 고객 사이에 신뢰감이 없었다는 것이다. 물에 젖었을 때의 확인 씰이 마치 우수한 도구처럼 여겨지지만 이는 어디까지나 신뢰감이 전제되어 있을 경우의 이야기이다.

기업은 이 사례처럼 기업을 일방적으로 믿지 않는 고객의 태도를 염두에 두어야 한다. 적어도 기업에 대한 불신감을 갖고 있는 고객에게는 납득할 수 있도록 설명하고 대처해야 한다.

● 포인트

- 신뢰를 전제로 한 체계는 통용되지 않을 가능성이 있다.
- 신뢰를 전제로 한 체계는 고객에게 의존하는 것으로, 무조건 신용해 달라고 하는 것은 기업 측의 사정이다.
- 신뢰감을 가지지 않는 고객의 주장을 클레이머로 쉽게 결론지어서는 안 된다.

◆처리 프로세스의 확인

- 고객이 신뢰하지 않을 가능성을 고려한 대응 노하우가 필요하다.

◆개선 프로세스의 확인

- 고객의 기분이 상하지 않게 고장 원인을 전달하는 방법을 확립한다. (예 : 원인별 설명 매뉴얼 마련)
- 위의 상황을 역할극이나 사례집 등으로 만들어 교육한다.
- 휴대전화 단말기 내의 씰 확인하는 순서를 개선한다.

항공사의 케어 서비스

● 경위

어느 기업이 해외에서 일본으로 고객을 초대하는 이벤트를 하게 되었다. 그런데 담당자는 한 고객에게서 다음과 같은 상담을 요청받았다.

- 임신 중이기 때문에 무거운 짐은 들고 갈 수가 없다.
- 갈 때는 동행이 있지만 돌아올 때는 동행이 없기 때문에 공항에 도착해서부터 체크인 카운터까지 짐을 운반할 수 없다.

담당자는 항공사에 해당 서비스를 문의해, 만약 관련 서비스가 없다면 사원을 동행시킨다는 대책을 강구했다. 그래서 항공사 상담실에 전화해서 사정을 설명하여 고객이 도착 후 카운터에 알려주면 담당자가 도와주겠다는 회답을 들었다. 기업의 담당자는 이 내용을 해외의 고객에게 알려 주었다.

그런데 탑승 4일 전에 기업의 담당자가 항공사에 확인 전화를 했을 때 '그런 서비스는 없다'는 답이 돌아왔다. 더욱이 '임산부는 걸을 수 있다. 걸을 수 있는 사람에게 특별한 서비스는 하지 않는다'라는 답변이 돌아왔다. 일정상 여유가 없어 사람을 구하기 어려웠던 기업 담당자는 매우 곤란한 상황에 처하게 되었다.

곤란해 어쩔 줄 모르는 기업 담당자에게 얼마 전에 문의 했던 항공사에서 전화가 왔다. 항공사 측에서는 내부적으로 특별한 케어

서비스는 없지만, 이번 경우에는 담당자를 한 명 동행시켜서 짐 운반을 도와주기로 결정했다는 연락이었다. 기업 담당자는 감격해서 항공사의 도움을 받기로 했다.

● 사례의 포인트

항공사가 말한 최초의 응답인 '말을 하면 도와주겠다'와 확인 시 회답인 '그런 서비스는 존재 않는다' 라는 견해의 차이가 문제이다. 또한 '임산부라도 걸을 수 있다' 라는 개념 없는 발언도 당연히 문제가 된다.

어느 창구 담당자는 규정을 초월하여 도움을 줄 수 있다고 생각했는데 서비스 업무의 통합관리가 제대로 이루어지지 않아 다른 담당자는 불가능하다는 전혀 다른 견해를 보임으로써 고객에게 클레임의 소지를 제공한 것이다.

그리고 가장 문제되는 것은 어떤 고객이 어떻게 곤란한지를 고려한 서비스가 전혀 마련되어 있지 않다는 점이다. 물론 인원 배치와 비용의 균형도 고려해야 하지만 고객이 곤란해 하는 상황에서 규정상의 이유로 아무것도 할 수 없다고 하는 기업풍토가 무엇보다 문제이다.

임산부 고객에게 이러한 대응을 하면 고령자, 어린이 동반, 부상을 당한 고객들에게서도 똑같은 클레임이 발생할 수 있다. 자사에서 해결이 곤란한 문제라면 타사와의 연대를 도모하는 등, 여러 방법이 있을 것이다.

그러한 방법을 찾지 않고 고객에게 규정만을 내세우는 업무담당자가 특별히 문제점을 인식하지 못하고 있다는 것이 문제이다.

● **포인트**

- 고객의 기대를 무시하고 자사의 입장만을 고려한 서비스는 문제가 생기기 마련이다.
- 담당자의 역할분담을 지나치게 세분화하면 유연한 대응을 할 수 없다.

◆처리 프로세스의 확인

- 현장 직원 간의 서비스 정보를 공유하고 모순이 발생하는 것을 방지한다.

◆개선 프로세스의 확인

- 고객이 원하는 서비스 대응에 있어 각 현장이 판단할 수 있는 범위를 명확히 한다.
- 고객의 기대를 인식한 서비스 개선법을 재조명한다.
- 서비스 개선 내용의 판단 기준에 고객의 이점을 첨가하여 필수적으로 검토한다.
- 서비스 담당자를 고객의 대변자로 여기고 시책을 제언하는 책임과 권한을 부여한다.

아파트 배수 미비 해결

● 경위

신축 아파트를 구입했는데 이사 직후부터 배수가 나빠 강풍을 동반한 비가 오면 현관 앞에 물이 고였다. 고객은 즉시 아파트개발자 측에 전화를 걸어 배수 공사를 의뢰했다. 아파트개발자 측도 설계 시공에 문제가 있음을 인정하고 신속히 수리 공사를 실시했다. 한 번의 공사로는 개선되지 않아 두 번이나 해야 했지만 공사 결과, 물이 고이는 일은 없어졌다. 아파트개발자로서는 고객의 불만이 해소되었기 때문에 이번 클레임에 대한 대응을 마무리 지었다.

● 사례의 포인트

아파트개발자는 제대로 대응한 것일까?

다소 문제는 있었지만 신속히 대응하여 불만을 해소해서 다행이라고 생각할 수도 있다.

그런데 공사 후 고객은 비가 온 후에 물이 고이지 않는 것을 확인하고 안심했지만 언뜻 보니 다른 집 현관에도 똑같은 문제가 발생하고 있었다. 이 아파트개발자는 클레임을 건 집만 공사하고 똑같은 문제를 안고 있는 다른 집은 방치한 것이다.

고객이 그 후에도 관찰을 한 결과 다른 집의 배수는 여전히 개선되지 않은 상태였다.

● 포인트

• 클레임 대응은 해당 고객에게만 한다고 해서 완료되는 것이 아니다.

◆처리 프로세스의 확인

• 클레임을 직접 제기한 고객에 대해서는 명확한 대응을 하는 것이 중요하다.

• 동시에 다른 문제가 발생하고 있지는 않은지 반드시 체크해야 한다.

◆개선 프로세스의 확인

• 클레임을 받았을 때 체크 리스트를 작성한다

  – 직접적인 고객에 대해서는 사실 및 의견 확인 리스트를 작성한다.

  – 똑같은 문제 발생을 방지하기 위한 확인 리스트와 확인 순서를 정한다.

• 문제 발생 자체를 해소하기 위해 기준을 다시 살펴보고 사례집을 작성한다.

고객의 시점에서
진정한 품질 관리를 하라

어느 주유소의 사장이 셀프 주유가 오래가지 않을 것이라고 생각해 가격이 아닌 서비스로 차별화를 꾀하기로 했다. 그래서 단골고객을 대상으로 매장에서 설문 조사를 실시했는데 흥미로운 결과가 나왔다.

한 고객이 '이 주유소는 세차를 잘한다'라는 의견을 냈다. 그러나 조사자 입장에서는 다른 주유소의 세차 서비스와의 차이를 알 수 없었다. 그래서 구체적으로 어떤 세차 서비스가 좋았는지 물었더니 '세차 직후라도 창문을 닫았을 때 물방울이 떨어지지 않는다'라는 의견이 많았다.

지금까지 이 주유소는 세차 서비스에 있어서 수건을 바꿔서 세 번 닦는다는 작업 규정을 준수하고 있었지만 그 이후 '물방울이 떨어지면 NG, 떨어지지 않으면 OK'라는 규정으로 변경했다. 고객의 시점을 중시하여 서비스 규정을 바꿈으로써 고객 만족과 업무의 효율성을 동시에 실현할 수 있었던 것이다.

작은 사례이지만 품질 향상과 서비스 개발을 제공자의 추측이 아닌 진정한 고객의 시점에서 실행하는 것의 소중함을 일깨워 주었다.

7장

서비스 관리자가
갖춰야 할 능력

고객의 기대를 알아차리는 센스

포인트
1. 고객의 기대를 알아차리는 센스를 높인다
2. 문제의식을 가진다
3. 서비스 상황의 관찰을 중시한다

서비스 업무를 관리하기 위해서는 여러 가지 능력을 길러야 한다. 서비스 업무는 고객을 친절하게 대하는 것이 우선이다. 회사 전체로 볼 때 서비스부서는 고객의 기대를 파악하는 중요한 역할을 담당하고 있다. 따라서 고객 기대를 알아내 자신의 부서뿐만 아니라 회사 전체에 발신해야 한다.

고개의 기대를 알아차리는 센스의 기본이 되는 것은 담당자의 감도感度이다. 이것은 요구 파악과는 다르다. 말 그대로 관찰을 통해서 파악하는 것이다. 감도가 낮으면 똑같은 사실을 접하더라도 아무것도 느낄 수 없으므로 평소에 문제의식을 가지고 있어야 한다. 그러면 똑같은 사실을 접하더라도 보는 시각이 달라진다.

고객의 기대를 알아차릴 수 있는 첫 번째 요소는 각종 정보이다. 정량적인 데이터뿐만 아니라 정성적인 코멘트 정보도 유용하다. 그러나 데이터는 어디까지나 결과이기 때문에 고객의 기대를 파악하기에는 불충분하다. 무엇보다 중요한 것은 자신의 부서, 타부서, 타회사를 불문하고 고객과 접점을 유지하고 있는 장소에서 잘 보고 관찰하는 것이다. 고객과 동떨어진 곳에서 고객의 기대를 피부로 느끼는 것은 불가능하기 때문이다.

고객의 기대를 알아차리는 센스

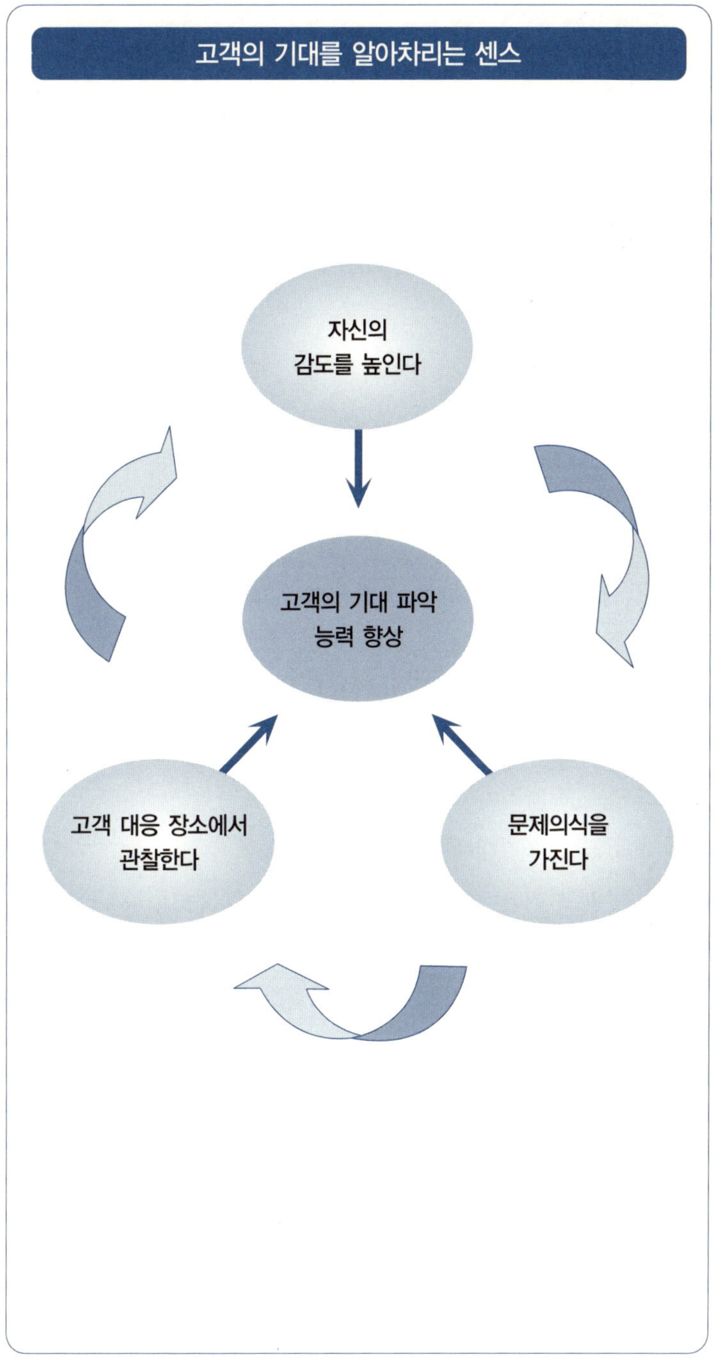
자신의
감도를 높인다
고객의 기대 파악
능력 향상
고객 대응 장소에서
관찰한다
문제의식을
가진다

고객의 기대를 만족시키는 능력

포인트

1. 고객의 목소리에 대응하는 것만으로는 불충분
2. 고객의 기대를 만족시켜라
3. 본질적인 기대에 도달하기까지 발생한다

고객의 목소리를 다양한 기획에 이용하려는 노력이 많은 기업에서 이루어지고 있다. 고객의 목소리를 과연 어떻게 활용해야 할까?

한 호텔의 고객 의견함에는 '가운이 큰 사이즈밖에 없어서 불편하다'라는 의견이 있었다. 이럴 때 호텔이 취해야 할 대책은 무엇인가? '여러 사이즈를 준비한다'거나 '예약할 때 사이즈를 물어보고 준비한다' 등과 같은 의견이 나올 수 있다. 그러나 고객이 어떻게 불편했는지를 밝히는 것이 우선이다. 이것이 먼저 이뤄지지 않으면 잘못 대응할 수도 있기 때문이다.

여기에 고객의 기대를 만족시키는 능력을 발휘할 필요가 있다. 이 의견을 쓴 고객은 어떠한 기대를 가지고 있었는지, '큰 사이즈라 곤란했다'는 것은 큰 사이즈가 아닌 대부분의 사람은 전부 불만을 가질 수 있다는 등의 생각을 해보는 것이다. 작은 체형의 사람일 수도 있고 아니면 어린이 동반 가족이었을 수도 있다. 요구되는 기대의 패턴은 한 가지만이 아니다.

고객의 소리에 1대 1로 대응하는 것은 중요한 일이다. 그러나 본질적인 기대를 감지하여 대응하는 것이 본래의 목표인 서비스 업무 품질 실현의 지름길이다. 이를 실현하기 위해서는 고객의 목소리에서 고객의 기대를 파악하여 만족시킬 수 있는 인재 육성이 필요하다.

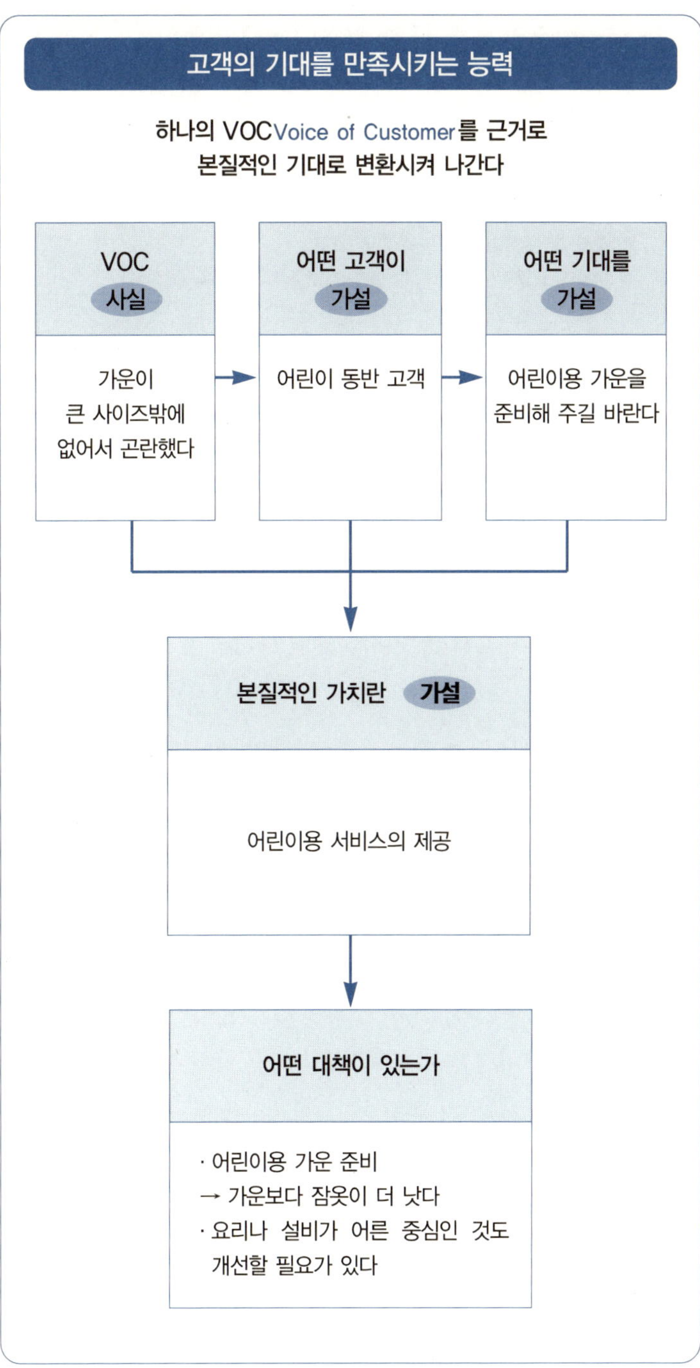

고객의 기대를 만족시키는 능력
하나의 VOC Voice of Customer를 근거로
본질적인 기대로 변환시켜 나간다
VOC
사실
어떤 고객이
가설
어떤 기대를
가설
가운이
큰 사이즈밖에
없어서 곤란했다
어린이 동반 고객
어린이용 가운을
준비해 주길 바란다
본질적인 가치란
가설
어린이용 서비스의 제공
어떤 대책이 있는가
· 어린이용 가운 준비
→ 가운보다 잠옷이 더 낫다
· 요리나 설비가 어른 중심인 것도
개선할 필요가 있다

서비스를 '지원'하라

포인트
1. 관리주의에서 지원주의로
2. 즉시 개선할 수 있는 능력이 필요
3. 서비스 업무담당자와 함께 관찰 정보를 주의 깊게 논의한다.

서비스 업무관리자는 '관리주의'가 아닌 '지원주의'로 업무를 전환해야 한다. 사람이 차지하는 부분이 많은 서비스 업무에서는 지표 관리만으로는 품질 향상을 실현할 수 없다. 따라서 서비스 업무를 '지원한다'는 자세가 필요하다.

서비스 업무는 신속하고 정확한 문제 해결이 요구된다는 특징이 있다. 불편 사항을 본사에 보고해서 분석하는 것이 아니므로 담당자가 즉시 대응해야 하는 것이 많다. 클레임 대응 등이 바로 그러한 예로 관리자는 항상 신속하게 대응해야 한다.

서비스 업무를 지원할 때도 대응 현장에서 멀리 떨어진 장소에서 데이터 정보만을 참고하는 것으로는 불충분하다. 앞 장에서 언급한 것과 같이, 서비스 관리자에게 있어서 무엇보다 중요한 것은 대응 현장을 직접 관찰하는 것이다.

관찰을 통해 얻어진 정보를 현장담당자와 함께 생각하고, 현장을 지원해 나갈 필요가 있다. 특히 기획, 설계한 업무가 매장에서 잘 이루어지고 있는지를 관찰함으로써 지도와 재기획 및 재설계를 진행해 나가는 것이 중요하다.

즉 서비스 업무를 지원하는 것이 중요하다.

서비스를 '지원'하라

관리주의

기획 · 설계한 것은
철저하게 준수

기획 · 설계한 것처럼
시행되고 있는지 감시

결과수치로 판단

구입 후의 문제 해결

품질 관리담당자
= 서비스 관리자
현장직원 = 이를
묵묵히 수행하는 자

지원주의

현장의 사실에 근거하여
지도 편달을 행함

고객 중심으로
재기획, 재설계

결과수치와
현장의 실태를 연결

현장의
빠른 문제 해결

함께 생각하여
실행한다

즉시 사용할 수 있는 능력

요즘에는 서비스 업종의 종사자들이 파견 사원, 임시직, 아르바이트 사원 등으로 구성되고 있다. 이는 충분한 경험이 없는 사람이 많아지고 있다는 것을 의미한다.

또한 서비스 업무는 개별 대응과 판단력이 요구되는 일이 많아지고 있다. 일반적으로 이러한 판단 업무는 경험이 필요하다고 하지만, 현장에서는 경험을 쌓는 것을 기다릴 여유가 없다. 그래서 서비스 업무의 인재 육성을 핵심으로 한 즉시 사용할 수 있는 능력을 소개하고자 한다.

즉시 사용할 수 있는 능력의 3가지 포인트는 위기감, 문제의식, 고객에 대한 관심이다. 그리고 계획적인 교육도 필요하다. 서비스 업무는 최소한의 인원으로 운영되는 경우가 많기 때문에 서비스 업무만으로도 힘든 상황이다.

'시간적 여유가 있다면'이라는 생각으로는 제대로 된 교육이 이루어지지 않는다. 그러므로 모의체험을 통한 모의 전문가 교육을 실시한다. 일방적으로 가르치는 것이 아니라 동료 간, 상호 간의 지혜를 주고받으며 판단력을 높이는 것이다. 이러한 사례를 중심으로 한 교육 방법을 활용하여 업무 능력을 향상시켜 나간다.

즉시 사용할 수 있는 능력

■ 3가지 의식을 높인다

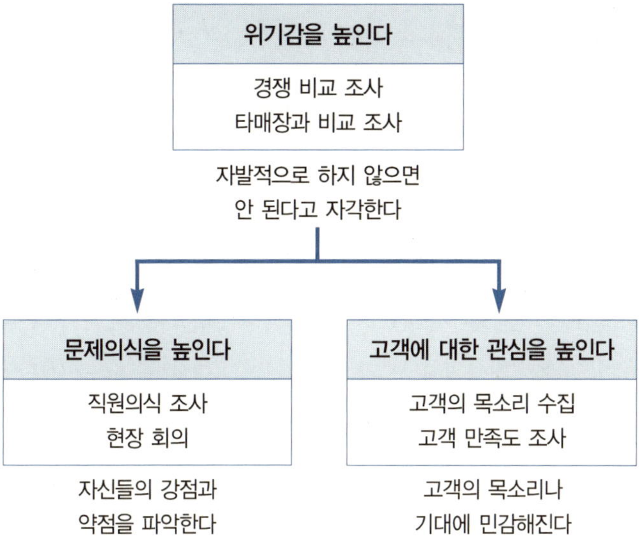
위기감을 높인다
경쟁 비교 조사
타매장과 비교 조사
자발적으로 하지 않으면
안 된다고 자각한다
문제의식을 높인다
직원의식 조사
현장 회의
자신들의 강점과
약점을 파악한다
고객에 대한 관심을 높인다
고객의 목소리 수집
고객 만족도 조사
고객의 목소리나
기대에 민감해진다

■ 케이스 스터디란

실제로 있었던 일이나 일어날 가능성이 있는 일들을 미리 파악하여 그에 대한 대응을 논하는 것

케이스 스터디를 통해 경험을 쌓고 상황 판단력을 향상시키며 일률적인 매뉴얼 레벨을 뛰어 넘는 대응력을 키운다

동료들과의 의논을 통해 개인의 경험이나 노하우가 조직의 경험과 노하우가 되도록 한다

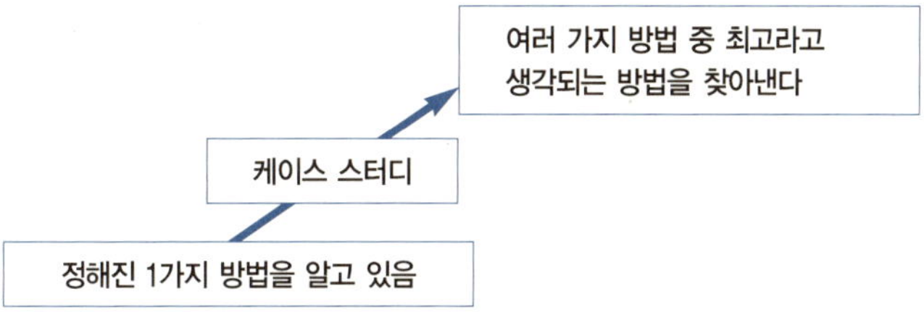
여러 가지 방법 중 최고라고
생각되는 방법을 찾아낸다
케이스 스터디
정해진 1가지 방법을 알고 있음

내 탓이오!라고 반성하는 자세

포
인
트

1. 기본자세는 현장에서의 자성
2. 실수를 통한 노하우를 습관화
3. 노하우 습득, 지식 형성의 사이클 만들기

현장에서 똑같은 고객과 여러 번의 대응 경험이 있다 하더라도 그로부터 무언가를 배우고 다음에 활용하는 것은 사람에 따라 다르다.

서비스 관리자가 갖춰야 할 기본자세는 자성自省이다. 서비스 업무는 대상이 있어서 문제가 발생하면 '현장에서 정한 대로 하지 않았으므로 이 고객은 어쩔 수 없다'와 같이 책임을 전가하는 경우가 많다. 그러나 무엇보다도 먼저 자신들의 서비스 관리 프로세스에 문제가 없었는지 반성해야 한다.

자성의 기본자세로 실수에서 교훈을 얻어 노하우로 삼는 것이 가장 중요하다. 먼저 체험과 관찰의 기회를 의도적으로 늘린다. 이러한 기회를 정리해서 특정 고객, 시기 등에 편중되어 있지 않은지 살펴볼 필요가 있다.

다음으로는 같은 시간 내에 많이 자각할 수 있도록 한다. 그러기 위해서는 자신이 어떤 시점 및 상황에서 많이 자각하는지를 스스로 체크해 보는 것이 좋다. 감각적으로 자각한 것을 말로 전환하여 현장과 고객의 발언과 행동 배경을 탐색한다. 자신의 장점 패턴을 발견하고, 약점을 보충해 나간다. 이러한 자성을 통해 교훈을 도출하고 가설을 형성하여 시행하고 검증 단계를 거친다. 가설이 교훈이 되는 것과 더불어 체험에서 교훈을 도출할 수 있도록 한다.

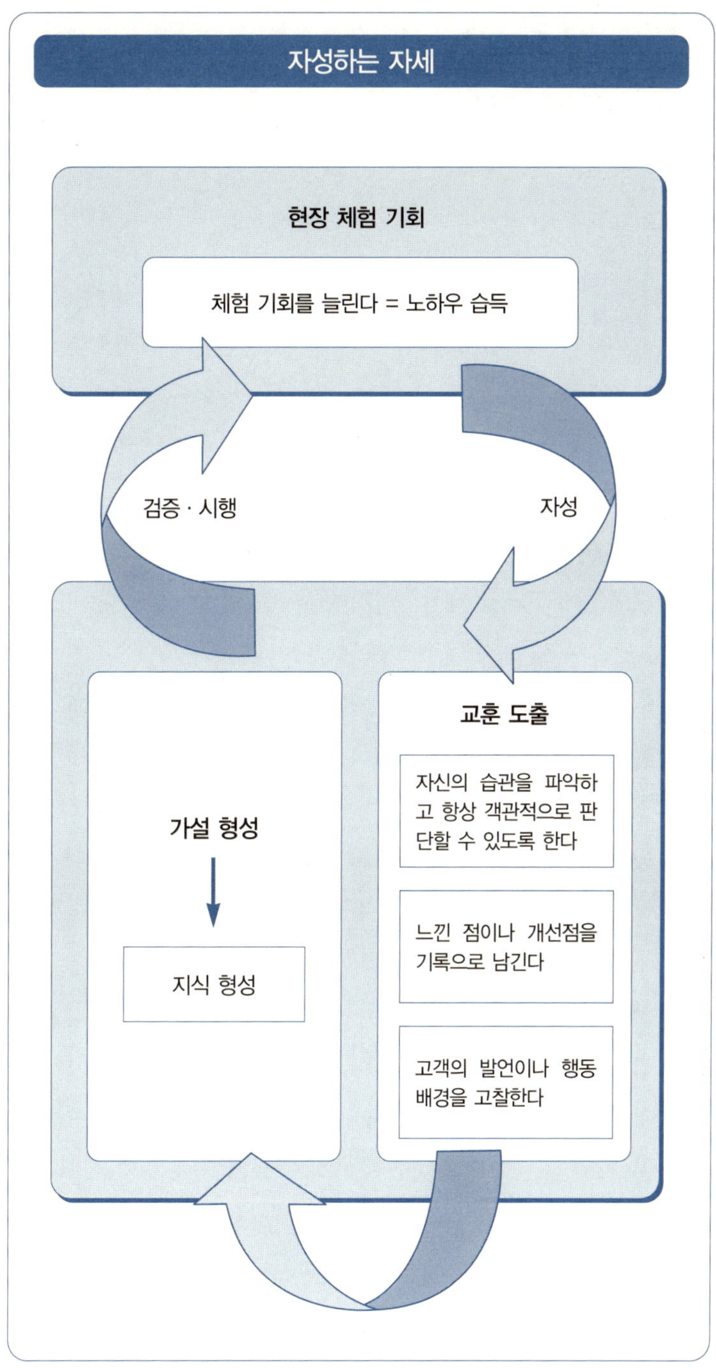

자성하는 자세
현장 체험 기회
체험 기회를 늘린다 = 노하우 습득
검증 · 시행
자성
교훈 도출
자신의 습관을 파악하고 항상 객관적으로 판단할 수 있도록 한다
느낀 점이나 개선점을 기록으로 남긴다
고객의 발언이나 행동 배경을 고찰한다
가설 형성
지식 형성

사고력을 습관화하는 7가지 능력

　　서비스 업무를 하는 사람이라면 젊었을 때 습득하면 좋은 능력이 있다. 입사해서 3년 정도 지나 어느 정도 실무를 아는 시기가 되면 관리자들은 부하 직원들이 이러한 능력을 빨리 습득하길 바란다. 그 능력이란 사고력을 습관화하기 위해 필요한 기초 능력이다. 사고력은 반드시 3가지 프로세스를 거친다.

　　첫째는 인풋In-put 프로세스다. 필요한 정보와 자료를 사내 자료와 신문 및 잡지, 인터넷, 책 등에서 수집하여 정리하는 과정이다.

　　둘째는 프로세싱Processing 프로세스다. 수집해서 정리한 사실과 정보 등을 기준으로 가설을 세우고 시행착오를 반복해 가면서 분석해 대책과 개선안을 검토하는 과정이다.

　　셋째는 아웃풋Out-put 프로세스다. 프로세싱에 의해서 나온 것들을 타인이 알기 쉽게 표현하고 경우에 따라서는 프레젠테이션을 통해 설명하고 설득해 가는 과정이다.

　　인풋 프로세스는 정보 수집력과 사실 정리력의 2가지 포인트가 있다. 정보 수집은 사전 준비를 통해서 혹은 메모를 통해서, 그리고 책을 통해서 할 수 있다. 특히 서비스 업무에 있어서 고객 정보 및 서비스를 적절하게 메모하는 힘을 젊었을 때부터 습관화하는 것이 바람직하다. 사실 정리력은 논점을 정리하는 KJ법(일본의 문화인류학자인 카와키타지로가 데이터를 종합할 때 사용하기 위해 고안한 방법으로 데이터를 카드에 기입하고, 카드를 그룹별로 모아서 분류하는 방법)과 매트릭스, 로직트리(Logic-tree, 문제의 원인을 파헤치거나 해결책을 구연할 때 정해진 시간 내에 넓이와 깊이를 추구하는 데 도움이 되는 기술) 등을 사용하여 기를 수 있다.

다음으로 프로세싱 프로세스에는 분석력과 개선력의 2가지가 중요하다. 분석 방법은 무수히 많지만 중요한 것은 목적에 따른 분석 요령을 습득하는 것이다. 서비스 업무에 있어서는 고객에게서의 평가와 고객의 기대 배경에 무엇이 감춰져 있는지를 분석하는 것이 중요하다. 통계학적으로 완벽한 분석이 곤란한 경우가 많기 때문에 어느 정도의 정도精度 분석을 할 것인지 판별하는 것도 중요한 요령의 하나이다. 개선력은 서비스 개선의 8원칙(216페이지 참조)과 과학적 접근(47페이지 참조)의 순서를 마스터하는 것이 도움이 된다.

마지막으로 아웃풋 프로세스는 표현력과 설득력이 필요하다. 비즈니스 세계에서의 표현 방법으로 대표적인 3가지가 있다. 그것은 문장, 데이터, 도표에 의한 표현으로 특히, 최근에는 도표에 의한 표현이 주목받고 있다. 이 3가지 표현을 집약한 것이 바로 '매뉴얼'이다. 매뉴얼에는 여러 가지 패턴이 있고 그것을 활용하는 부서의 특성과 대상 업무에 따라 적절한 패턴을 선택하는 것도 가능하다. 대표적인 패턴으로 수속형, 포인트 제시형, 사례형 판단조건(早見, 필요한 정보를 한눈에 알아볼 수 있도록 한 그림이나 표), Q&A형이 있다.

설득력의 경우, 프레젠테이션과 질의응답 방법을 알고 있는 사람과 모르는 사람과는 사내 평가가 매우 다르다. 단지 고객을 설득이 아닌 설명으로 납득시키는 기술이 요구되고 있는데 사내에서의 설득과 고객에의 설명을 능숙히 분리해 사용하는 능력이 필요하다.

마지막으로 인풋, 프로세싱, 아웃풋 모두에서 공통적으로 필요한 것은 시간 활용법이다. 계획을 세우는 법이나 시간 관리, 장소의 특성에 맞는 시간 사용, 지적 생산성의 향상법 등의 요령을 알고 있는 사람과 그렇지 않은 사람과는 몇 년 후 두드러진 능력 차이가 나타난다.

이러한 사고력을 습관화하기 위해서 필요한 7가지 기초 능력을 높임으로써 어느 기업의, 어떠한 서비스 업무에 있어서도 업무 품질의 유지와 향상이 가능하도록 할 수 있다. 그러므로 개개인이 이러한 7가지 기초 능력을 제대로 길러야 한다.

사고력을 습관화 하는 7가지 능력

인풋
In-put

프로세싱
Processing

아웃풋
Out-put

1. 정보 수집력
사전 준비 방법
메모 방법
책을 읽는 방법

2. 사실 정리력
KJ법
매트릭스
로직트리

3. 분석력
분석 방침
분석 방법

4. 개선력
서비스 개선의 8원칙
과학적 접근 절차

5. 표현력
문장에 의한 표현
그림(도표)에 의한 표현
매뉴얼에 의한 표현

6. 설득력
프레젠테이션 방법
질의응답 방법

7. 시간 활용법
계획을 세우는 법, 시간 관리
장소의 특성에 맞는 시간 사용
지적 생산성의 향상법

서비스 개선의 8원칙

이 순서로 검토하여야 함

폐지
이 업무를 그만둘 수 없는가,
그만둘 수 없다면 그 이유(목적)는 무엇인가

삭감
줄일 수 없는가

용이화
더 간단하게는 안 되는가

표준화
가장 좋은 방법으로
다른 업무와 합칠 수 없는가

계획화
계획적으로 안 되는가

분업 · 분담
최적의 사람이 할 수 있게 안 되는가

동기화
타이밍을 맞출 수 없는가,
늦춰짐을 방지할 수 없는가

기계화
시스템이나 기계를 통해서는 불가능한가

사소한 일이라도 철저하게 계속한다

'고객 만족에 홈런은 없다'라는 말이 있다. 꾸준히 안타를 치는 것이 고객 만족의 지름길일지 모른다. 얀 칼슨Jan Carlzon은 그의 저서 『진실의 순간Moments of Truth』에서 서비스 업무 개선의 중요성을 '소매업에서는 가격이 하루 만에 똑같아지고 상품 품목은 3일 만에 모방된다. 차이를 좁히기 힘들고 따라할 수 없는 것이 서비스다'라고 설명했다.

기업이 지속적으로 성장하기 위해서는 일상 업무를 철저히 하는 길밖에 없다고 할 수 있다.

이제까지 고객 만족 평가는 기대와 실제 체험과의 관계에서 결정된다고 여겨졌다. 그러나 각 회사가 고객 만족 향상을 추진하여 서비스 업무를 중심으로 개선한 결과 고객의 기대치는 더욱 더 상승하여 고객이 놀랄만한 홈런 같은 체험은 제공하기 힘들어진 것이 사실이다. 이런 가운데 기본적인 기대조차 만족시키지 못하는 업무에 의한 사고와 부정부패는 끊이지 않는다.

제대로 된 서비스는 일상의 업무를 철저히 하는 것이다. 즉, 기업이 하나가 되어 철저한 서비스 품질 관리를 도모하는 것이다. 이것이야말로 고객 만족의 열쇠이다. 기업의 얼굴이 되는 서비스 업무를 지속적으로 받쳐주는 것이 담당자의 뛰어난 관리 능력이다.

사소한 일이라도 철저히 계속한다

기대 초과 레벨
홈런만을 기대하는 것은 곤란

기대 레벨
• 기대치 상승으로 수준도 상승
• 단타를 지속적으로 치는 것이 중요
추구 요건
정착화 요건

기본 레벨
파탄했을 때의 충격도 크다

• 기본 레벨에서 기대 레벨로 정착화시키는 것에 만족하지 않고 항목에 따라서는 철저히 높은 수준을 추구한다
• 화려함은 없지만 서비스 품질의 중요한 부분이다

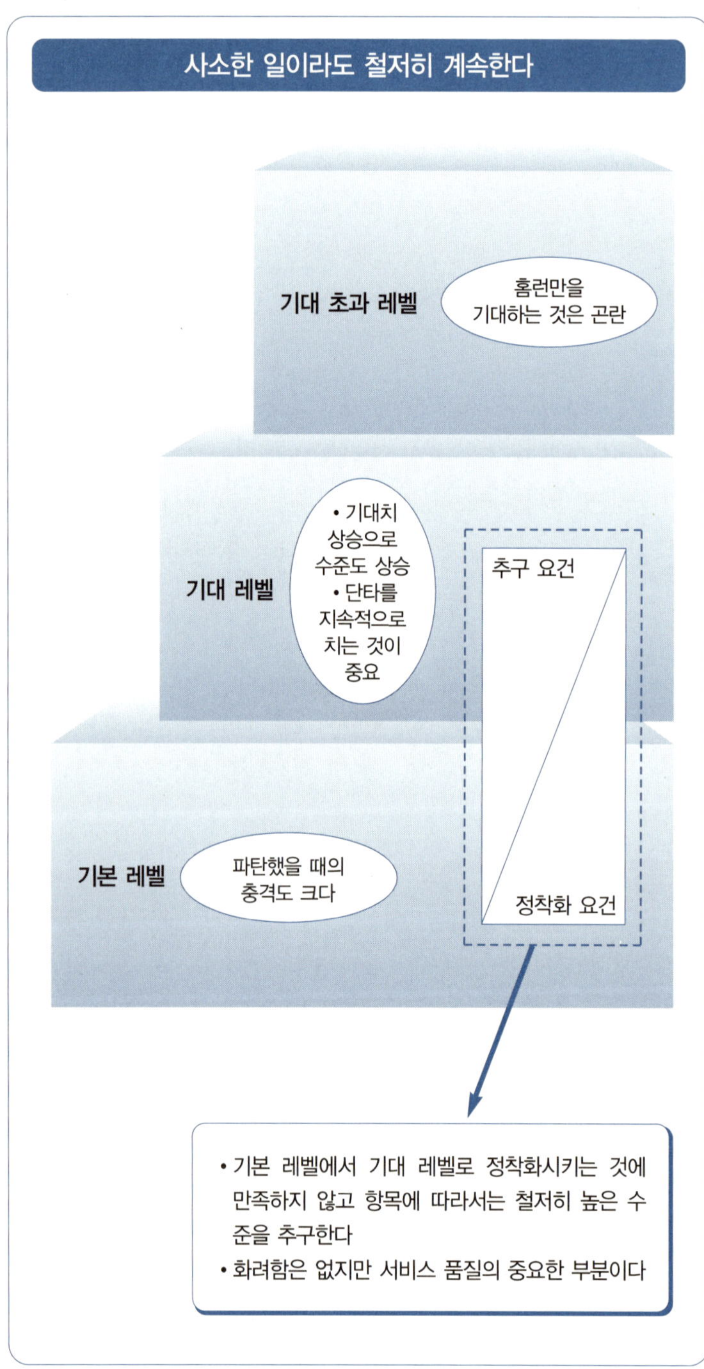

1퍼센트 더 나은 서비스를 제공한다

각 기업이 고객 만족 향상을 추진하여 고객의 기대치가 상승한 오늘날에는 좀처럼 만족스런 평가를 받기 어렵다. 모든 기업이 똑같은 상황이라고 한다면 경쟁사와 압도적인 차이를 두는 것은 어려운 것도 사실이다. 바꾸어 말해 이러한 상황에서 고객이 무엇인가 다르다고 느끼게 하면 그것은 매우 큰 차이를 이뤄낸 것이라고 할 수 있다.

고객의 기대는 일정치 않다. 경쟁에 의해서 새로운 서비스가 부각되면 그것이 새로운 기대치가 된다. 생활 속에서의 체험도 새로운 품질 기준이 될 수 있다. 고객 자신의 환경 변화에 의해서도 기대는 변할 수 있다.

서비스 품질 관리의 어려움은 변화하는 고객의 기대를 포착해 기대 수준보다 조금이라도 더 나은 것을 제공하는 것에 있다. 변해 가는 기대를 포착해서 더 나은 서비스를 제공하고, 변화 수준을 파악해서 관리에 활용하며, 한 번에 끝내지 않고 지속적으로 해나가는 꾸준한 업무 추진력이 요구되고 있다. 그래서 이것이 능숙히 지속될 수 있을 때 비로소 고객에게 인지되었다고 할 수 있다.

고객 만족은 하루 만에 이루어지지 않는다. 지속적으로 행하기 위해서는 관리가 필요하다. 이 책에서는 서비스 업무를 일관되게 관리하는 중요성을 설명해 왔다. 인적 서비스 업무 부문이 차지하는 비율이 높은 만큼 개인의 경험과 느낌, 소양에 의지하여 품질을 유지해 온 측면이 강했다고 할 수 있다.

앞으로는 여기에 덧붙여 과학적 시점에서 개혁을 단행하고 지금보다 더 사람에 초점을 맞춰 관리해 나가야 한다. 이것이야말로 고객에게 인정받는 서비스로 이어지는 길이다.

서비스 품질 관리의 5가지 프로세스인 기획, 설계, 제공, 점검, 평가와 부문별 품질 향상의 6가지 중점인 선제안, 고객에 대한 이해, 도움이 되었다는 실감, 커뮤니케이션, 문제 해결 등의 보편적인 부분은 독자들이 경험한 것과 비슷하리라 생각한다.

그리고 서비스의 5가지 방법인 가시화, 원칙화, 표준화, 유형화, 개별화 등과 논리적인 클레임은 최근 서비스 현장에서 중요하게 여겨지는 부문이다. 연수나 세미나에서 강연을 할 때 수강생들에게서 좀 더 빨리 알고 싶었다는 의견을 많이 받았다. 이 책이 부디 그런 사람들에게 큰 도움이 되길 바란다.

지금까지 서비스 업무의 개혁 및 개선을 위한 컨설팅과 연수 기회를 준 많은 기업 관계자 여러분들에게 다시 한 번 감사드린다. 그리고 이 책을 읽어 준 독자 여러분들에게도 감사의 말을 전한다.

마지막으로 사내에서 큰 도움을 준 동료들과 여러 선배님들께도 감사의 뜻을 표하며, 출판을 도와주신 편집자분들께도 감사의 뜻을 전한다.

이 책은 각 기업의 서비스 품질 관리에 큰 도움을 줄 것이다.

옮긴이 임준영(마케팅 전공 경영학 박사)

경희대학교 경영학부 및 대학원과 미국 미시건주립대학교 비즈니스 스쿨에서 신제품 개발 분야 연구프로젝트에 참여하며 국제 마케팅, 국제 경영, 마케팅 조사방법론, 마케팅 관리론 등을 강의했다. 워싱턴대학교에서 객원 교수 및 연구원으로 있으면서 비즈니스 스쿨과 경영혁신연구소에서 마케팅 전공 관련 강의와 신제품 개발, 리스크 관리 경영, 경영혁신 등을 연구했다. 조사방법론, 브랜드경영 분야의 저서 및 번역서가 있으며, 고객 만족 경영, 국제 마케팅 등의 분야로 국내외 유명 학술 저널에 다수의 논문을 발표했다.
또한, 공연기획 및 레코드 제작발매를 하는 NESEN(네센) 엔터테인먼트를 비롯한 유수의 기업을 소유, 경영함으로써 실제 경영에 참여하고 있다.

1시간 만에 마스터하는
서비스 잘하는 방법

1판 1쇄 발행 2008년 2월 5일
1판 6쇄 발행 2012년 3월 5일

지은이 일본능률협회컨설팅
옮긴이 임준영
발행인 고영수
발행처 청림출판
등록 제406-2006-00060호
주소 135-816 서울시 강남구 논현동 63번지
　　　413-756 경기도 파주시 교하읍 문발리 파주출판도시 518-6 청림아트스페이스
전화 02)546-4341 **팩스** 02)546-8053

www.chungrim.com
cr1@chungrim.com

ISBN 978-89-352-0728-2 03320

가격은 뒤표지에 있습니다.
잘못된 책은 교환해 드립니다.